kailash

ANNA SUCHANECK

DU BIST OKAY...

auch wenn du eine Angststörung oder Depression hast

50 Hilfestellungen, wenn es dir psychisch nicht gut geht

kailash

1. Auflage
Originalausgabe

Lektorat: Antje Steinhäuser
Umschlaggestaltung: ki 36, Daniela Hofner Editorial Design, München
Satz: Satzwerk Huber, Germering
Druck und Bindung: GGP Media GmbH, Pößneck
Printed in Germany
ISBN 978-3-424-63264-4

www.kailash-verlag.de

INHALT

Einleitung 9

Die Basics 13

1. Es ist okay, psychisch zu erkranken 14
2. Du bist nicht allein 16
3. Es ist okay zu weinen 18
4. Hilfe suchen, aber wie? 20
5. Diagnosen bitte nur von Fachpersonal! 25
6. Medikamente, kein Grund zur Scham 28
7. Sprich offen über deine Erkrankung 29
8. Wie Angehörige helfen und unterstützen können 31
9. Liebe Angehörige, bitte achtet auf diese Zeichen! 35
10. Reminder: Lass dir bitte niemals einreden, dass 37

Der wichtigste Faktor bist du! 39

11. Mach dich selbst zur Priorität! 40
12. Ohne dich läuft nichts! 42
13. Eine psychische Erkrankung sagt nichts über deine Fähigkeiten aus! 44
14. Vergleiche bringen nichts 47

15. Veränderungen erfordern Mut! 49
16. Es müssen nicht immer 100 Prozent sein! 52
17. Starte jetzt und warte nicht auf den »richtigen Moment«! 54
18. Werde selbst zum Experten 56
19. Du bist der Fahrer deines Lebensbusses 58
20. Setz nötige und gesunde Grenzen 61
21. Reminder: Mach dir bitte bewusst 64

Rein in die Materie: Wissen rund um deine Psyche .. 67

22. Dein Nervensystem, deine persönliche Schaltzentrale 68
23. Dein Körper reagiert immer mit 70
24. Was Ängste mit dir machen können 74
25. Dr. Google: Hilfreich oder nicht? 77
26. Das Morgentief – wenn nach dem Aufstehen schon nichts mehr geht 81
27. Karussell im Kopf – wenn das Grübeln nicht aufhört 83
28. Dinge, die du dir in einer psychischen Krise bewusst machen solltest 86
29. 10 Lügen, die dir deine Angst erzählen kann 87

Werde aktiv: Tipps, Tricks und Tools, die dir wirklich helfen können 91

30. Werde zum Beobachter deiner Gedanken....... 92
31. Leben im Hier und Jetzt 95
32. Humor, eine wichtige Zutat 97
33. Akzeptanz: Nicht leicht, aber hilfreich 99
34. Skills, deine Soforthilfe 101

35. Das 1x1 der Selbsthilfe 104
36. Möglichkeiten, im Alltag besser mit deinen Ängsten umzugehen 106
37. Warum Atmen so beruhigend sein kann 109
38. 10 Dinge, die dir in einer psychischen Krise guttun 112
39. Dein Notfallkoffer 114
40. Selbstreflexion: Eine wichtige Hilfe 117
41. Ziele setzen: bitte in Häppchen 120
42. Reminder: Sätze, die uns an schlechten Tagen guttun 122

Wie geht es weiter? Dein Leben »danach« 125

43. Feiere dich für jeden Erfolg 126
44. Heilung ist kein 100-Meter-Sprint 129
45. Schlechte Tage sind normal 131
46. Es ist okay, Fehler zu machen 134
47. Wenn dir alles zu viel wird: Erste Hilfe, wenn nichts mehr geht 138
48. SOS: So erkennst du einen Rückfall 140
49. Bleib dran, auch wenn es dir gut geht! 144
50. Reminder: Ich bin stolz auf dich, weil 147

Zum Schluss noch ein paar wichtige Infos für dich 149

Danke 153

Quellen 155

Register 157

EINLEITUNG

Hallo und herzlich willkommen, hier bist du richtig, so wie du bist!

Hi, ich bin Anna!

Ich freue mich, dass du gerade diese Zeilen liest, denn dass ich sie geschrieben habe, ist gar nicht selbstverständlich. Wieso, fragst du dich? Ich erkläre es dir.

Hättest du mir vor zwei Jahren gesagt: »Anna, du wirst dieses Buch schreiben«, hätte ich wahrscheinlich laut und gekünstelt aufgelacht und danach direkt wieder meinen Puls gemessen und meinen Blutdruck kontrolliert.

Wieso ich das gemacht hätte, ist eigentlich recht simpel zu erklären – und doch für die meisten gesunden Menschen völlig absurd.

Ich leide seit vielen Jahren an einem Mix aus Angst-, Panik- und Zwangsstörung. Ich nenne es liebevoll auch meinen gemischten Brei.

Schon als Kind war ich ängstlich. Während andere Kinder in meinem Alter Blödsinn machten und sich ausprobierten, sah ich immer und überall Gefahren. Erst viele Jahre später verstand ich, dass sich bereits in dieser Zeit erste Züge meiner Erkrankungen zeigten.

Damals hatte ich zu diesen Emotionen aber noch keinen Bezug, und meine Befindlichkeit schränkte mich in meinem Leben noch nicht allzu stark ein.

Das änderte sich aber leider ab meinem 18. Lebensjahr, denn zu jener Zeit begann meine Panikstörung, richtig Gas zu geben. Ich schätze, du kannst dir vorstellen, dass man seine erste Panikattacke wohl niemals vergessen wird. Ein Erlebnis, das ich niemandem wünsche.

Im Alter von 21 brach dann zusätzlich meine Zwangserkrankung voll aus, und ich kam das erste Mal mit psychiatrischen Einrichtungen und Medikamenten in Berührung.

Heute bin ich 35 Jahre alt und schleppe dieses Päckchen schon eine Weile mit mir rum. Vor einigen Jahren erhielt ich die Diagnose chronische Zwangsstörung, also irgendwie wird mich diese Krankheit wohl mein Leben lang begleiten. Trotzdem habe ich nach meiner letzten sehr schweren Phase im Jahr 2022 beschlossen, mich von dem Päckchen nicht aufhalten zu lassen und mein Leben nach meinen Wünschen und Vorstellungen zu gestalten.

Und damit kommen wir zu dem Punkt, warum du nun dieses Buch in der Hand hältst.

Als ich mich das erste Mal mit psychischen Struggles konfrontiert sah, hatte ich keine Anlaufstelle, kein Buch, keine Social Media, wo ich mir erste Fragen hätte beantworten können. Ich war der festen Überzeugung: Ich bin verrückt, mit mir stimmt etwas absolut nicht. Also schien mir klar: Das war's! Dein Leben ist vorbei. Hätte ich zu dem Zeitpunkt gewusst, wie ich Hilfe bekommen könnte oder wer meine Ansprechpersonen für solche 1

Situationen sind, wäre mir wahrscheinlich viel Leid erspart geblieben.

Ich möchte versuchen, dir mit meinen Zeilen Mut zu machen, dir zu zeigen, dass wir uns für absolut nichts schämen müssen, egal, was wir fühlen oder welche Gedanken gerade in unserem Kopf kreisen. Psychische Erkrankungen sind keine vermeidbare Schwäche, niemand sucht sich so etwas aus.

Ich will dir aber auch mit diesen Zeilen sagen, dass das Leben mit einer psychischen Erkrankung ganz fraglos lebenswert ist, dass das Leben trotzdem schön und frei sein kann.

Aus diesen vielen Gründen habe ich dieses Buch für dich geschrieben. Ich werde dir zeigen, dass es sich lohnt, nicht aufzugeben und dein Leben in die eigene Hand zu nehmen. Dazu zeige ich dir viele kleine Tricks und erkläre dir die Basics rund um unsere Psyche.

Dieses Buch ist von einer Betroffenen für Betroffene.

Fühl dich gesehen, fühl dich verstanden.

Das hier ist nur für dich.

Du bist nicht allein!

P.S. In diesem Buch wurde eine möglichst sensible Schreibweise angestrebt, die verwendeten Personenbezeichnungen beziehen sich gleichermaßen auf weibliche, männliche und diverse Personen.

DIE BASICS

1

Es ist okay, psychisch zu erkranken!

Man sagt oft, das Beste kommt zum Schluss, aber in diesem Buch ist alles etwas anders, daher beginnen wir mit dem allerwichtigsten Satz:

DU BIST OKAY!

Auch wenn du es zu Beginn vielleicht nicht sofort erkennst oder nicht wahrhaben willst, aber psychisch zu erkranken, ist vollkommen okay. Das kann jedem passieren. Niemand kann sich davon ausnehmen und sagen: »Nein, mir wird das niemals passieren.«

Ja, am Anfang fühlt man sich wahrscheinlich allein damit oder denkt, man sei ein vollkommen hoffnungsloser Fall, aber nein, dem ist nicht so. Viele Menschen erkranken im Laufe ihres Lebens psychisch, aber nicht alle reden offen darüber.

Warum ist das so?

Leider wird in unserer heutigen Gesellschaft eine kranke Psyche immer noch mit Begriffen wie »verrückt sein« oder »eine Schraube locker haben« oder »gaga« in Verbindung gebracht. Das, was man nicht sieht, ist für viele Menschen einfach schwer zu akzeptieren oder zu begreifen.

Ein Beinbruch ist für jeden an dem eingegipsten Bein zu erkennen und nachzuvollziehen.

Eine psychische Erkrankung wie beispielsweise eine Angststörung ist für das bloße Auge meist nicht zu erkennen oder schwerer und nur uneindeutig einzuordnen, etwa bei einem Waschzwang.

Das bedeutet aber nicht, dass eine psychische Erkrankung weniger schlimm wäre als beispielsweise ein gebrochenes Bein, es sind einfach nur zwei ganz unterschiedliche Krankheitsbilder.

Wenn ich an meine ersten Krankheitsepisoden zurückdenke, dann sind da vor allem folgende Worte hängengeblieben:

»Mit dir stimmt was nicht.«

Denn das ist, was man fühlt. Während die Menschen um einen herum fröhlich durch die Straßen ziehen, Spaß und Freude am Leben haben, kämpft man einen Kampf mit sich selbst.

Man fühlt sich »anders«, »befremdlich« oder gar als »Alien aus einer fernen Galaxie«.

Hier ist es wichtig, direkt am Anfang seiner Erkrankung zu erkennen: Ich bin ein Mensch mit einer psychischen Erkrankung. Nicht mehr und nicht weniger. Ich habe die gleichen Rechte und Bedürfnisse wie nicht erkrankte Menschen und bin genauso wertvoll. Die Krankheit definiert mich nicht als schlechten Menschen.

Gerade in sehr schwierigen Zeiten vergessen wir, dass wir okay sind, dass wir trotz des ganzen Mists, den wir durchmachen, Menschen sind. Es gibt nämlich sogar Zeiten, da erkennen wir uns im Spiegel selbst kaum wieder.

Daher möchte ich dir hier einen kleinen Tipp geben, wie du dir diesen wichtigen Satz immer wieder vor Augen halten kannst.

Nimm einen Block mit Haftnotizen zur Hand und schreib auf ein paar davon den Satz:

»Ich bin okay, so wie ich bin.«

Am besten richtig dick und farbenfroh. Das ist schnell gemacht und erfordert keinen großen Aufwand.

Diese Zettel verteile in deiner ganzen Wohnung. Am Kühlschrank, am Badezimmerspiegel, am Schlafzimmerschrank und so weiter.

Diese kleinen Botschaften erinnern dich immer dann, wenn du es brauchst, dass alles mit dir und an dir okay ist. Dass du wertvoll bist und ein normaler Mensch, auch wenn du selbst ab und an den Blick dafür verlierst.

2

Du bist nicht allein

Auch wenn man es zum Beginn einer psychischen Erkrankung kaum glauben mag, man ist damit nicht allein. Viele Menschen durchleben im Laufe ihres Lebens mentale Probleme, doch viele reden nicht darüber.

Meine mentalen Probleme begannen bereits im Teenageralter. Zu jener Zeit, in den 2000ern, war das Angebot an Informationen, Vernetzung und Anlaufstellen für psychische Probleme leider noch sehr spärlich, wenn es nicht sogar gänzlich fehlte.

Ich fühlte mich sehr allein. Ich war mir damals sicher:

»So etwas kann niemand anderes haben.«
»Solche Gedanken müssen ein Anzeichen dafür sein, dass ich verrückt werde!«

Es hat lange Zeit gebraucht, bis ich verstand, dass das, was ich da habe, eine Angst- und Zwangsstörung ist. Ich bin nicht verrückt, aber ich bin psychisch erkrankt.

Erst viele Jahre und mehrere schwere Episoden später merkte ich: Es gibt viele Menschen wie mich.

Das war der Punkt, an dem ich begann, offen und ehrlich mit meiner Erkrankung umzugehen.

Zu der Zeit war ich in einer Tagesklinik und lernte unheimlich viele nette Menschen mit genau denselben Problemen kennen. In diesem geschützten Raum gab es keine Stigmatisierung, keine Vorurteile oder gut gemeinten Ratschläge. Hier war man Anna, Nadine, Dennis oder Andreas und nicht der »Psycho«, der nicht mehr alle Tassen im Schrank hat.

Mittlerweile haben wir 2024, und zum Glück findet immer mehr öffentlicher Austausch zum Thema Mental Health statt. Prominente, Sportler oder auch Personen aus der Politik stehen öffentlich zu ihren psychischen Problemen und geben diesen Erkrankungen dadurch ein Gesicht.

Auf Instagram, Facebook und Co. findest du eine Menge Content, Profile oder Accounts rund um die mentale Gesundheit. Viele Betroffene finden auf diese Weise Halt und bekommen das erste Mal das Gefühl:

Ich bin nicht allein!

Es ist erstaunlich, wie heilsam diese Erkenntnis schon sein kann. Vielen Betroffenen geht es allein dadurch besser, dass sie merken: Anderen geht es ähnlich, es gibt Menschen, die ebenfalls täglich struggeln und das Leben nicht in vollen Zügen genießen können. Gegenseitiges Stärken und Mutzusprechen hilft und fördert die Genesung.

Ich habe viele Menschen kennenlernen dürfen, die einfach nur erleichtert waren, nachdem sie erfahren haben, dass bestimmte Symptome zu ihrer psychischen Erkrankung gehören und es ganz viele Betroffene mit den gleichen Symptomen gibt. Das WIR-GEFÜHL kann unheimlich kraftvoll sein.

Es entstehen ganze Netzwerke, Foren oder Selbsthilfegruppen. Freundschaften entstehen, Kontakte werden geknüpft, und man fühlt sich verstanden und zugehörig und nicht mehr allein!

3

Es ist okay zu weinen

Jeder Mensch tut es, und trotzdem wird Weinen immer noch als ein Zeichen von Schwäche gewertet. Hier muss man auch klar sagen, dass Männer es bei diesem Thema deutlich schwerer haben als Frauen, denn »das starke Geschlecht« hat schließlich nicht zu weinen. Weinen in der Öffentlichkeit ist für viele ein absolutes No-Go, und nicht selten wird bereits Kindern vermittelt: »Heulsusen mag keiner.«

Alles völliger Quatsch.

Weinen ist normal, Weinen befreit, und Weinen tut auch einfach mal gut.

Weinen hat nichts mit Schwäche oder Überempfindlichkeit zu tun.

Gerade im Verlauf einer psychischen Krise kann es vorkommen, dass besonders oft Tränen fließen. Die Gefühle, die einen überrollen, bewirken, dass man das ein oder andere Mal einfach in Tränen ausbricht.

Lass die Tränen laufen.

Niemand sollte in diesen Momenten versuchen, die Tränen zurückzuhalten oder mit aller Kraft zu unterdrücken. Sie wollen raus, und das ist richtig so.

Egal, wann und wo es passiert, lass deinen Tränen freien Lauf. Du wirst danach oft eine enorme Erleichterung und Reduzierung deiner Anspannung spüren. Nichts und niemand hat das Recht, dich dafür zu kritisieren.

Auch wenn du bereits lange versucht hast, das Weinen zu unterdrücken, versuch loszulassen.

Loszulassen und den Gefühlen, die dabei entstehen, ihren Raum zu geben. Manchmal hat Weinen eindeutig etwas Heilsames.

Egal, ob du es allein tust, dich bei deiner Familie oder Freunden anlehnst und einfach deine Tränen fließen lässt oder dir vielleicht sogar die Tränen im Supermarkt in die Augen schießen, das ist kein Grund zur Scham.

Ich selbst habe sehr lange Zeit nur für mich heimlich geweint, weil es bloß niemand anderes mitbekommen sollte.

Ich schämte mich sehr, und vor allem wollte ich nicht als »Heulsuse« abgestempelt werden. Erst mit der Zeit erkannte ich, wie befreiend Weinen für mich ist. Denn Anspannung kann abfließen, und ich kann einfach ich sein. Ich halte meine Tränen nicht mehr zurück. Wenn sie rauswollen, dann hat das schließlich meist auch einen Grund.

Vielleicht kannst du beim nächsten Mal, wenn die Tränen dich wieder überrollen, darauf achten. Wie hast du dich vor dem Weinen gefühlt und wie danach? Spürst du auch eine gewisse Erleichterung? Manchmal fühlt man sich nach dem Weinen nur wahnsinnig erschöpft, das ist okay. Weinen ist auch anstrengend. Gönn dir danach etwas Erholung. Wenn du magst, schreib deine Gedanken auf oder ruh dich einfach nur aus. Alles ist okay!

4

Hilfe suchen, aber wie?

Diese Frage stellen sich wohl die allermeisten Betroffenen ganz zu Anfang ihrer Erkrankung.

»Wo finde ich Hilfe für mich?«

Meist kennt man es ja so: Man wacht morgens auf, und der Hals schmerzt, die Nase läuft, und man fühlt sich allgemein einfach krank. Schnell die Nummer des Hausarztes wählen, und meist hat man am gleichen Tag noch einen Termin. Alles easy, alles meist ganz unkompliziert. Doch wie ist das, wenn die Psyche »Schnupfen« hat?

An wen wendet man sich, wenn man plötzlich irrationale Ängste entwickelt hat oder den ganzen Tag vor Erschöpfung im Bett liegen bleibt?

An dieser Stelle möchte ich dir einen kleinen Ablaufplan zur Seite stellen. Dieser soll dir helfen, die passende Hilfe und im Notfall schnell die richtigen Ansprechpartner zu finden.

Ich möchte gleich vorwegschicken, du hast verschiedene Möglichkeiten. Der Weg muss nicht für jeden derselbe sein, es kommt letztlich immer auf die Art deiner psychischen Erkrankung an.

Achtung: Wenn du dich in einer akuten, heftigen psychischen Krise befindest und/oder vielleicht sogar Suizidgedanken hast, dann wende dich bitte sofort an die Notfallnummer der telefonischen Notfallseelsorge 0800 111 01 111 (24 Std. / 365 Tage im Jahr) oder wähle die 112.

Dein Weg zur Hilfe:

1. Nicht nur bei einer normalen Erkältung ist der Hausarzt der erste Ansprechpartner, auch in einer psychischen Krise kann dir der Hausarzt als erste Person oft weiterhelfen. In der Praxis kannst du deine Symptome schildern. Ein Hausarzt kann dir dann empfehlen, wie du weiter vorgehen solltest. Meist hat eine hausärztliche Praxis Listen von umliegenden psychotherapeutischen Praxen oder kann dir eine

Überweisung zu einem Facharzt (in diesem Falle einem Psychiater) mitgeben. Manchmal verschreibt ein Hausarzt auch Medikamente für den Notfall.

Meist führt dich der nächste Weg dann zu einem Psychiater, also dem Facharzt für unsere Psyche. Ich weiß, hier einen Termin zu bekommen, ist keineswegs immer einfach. Es bedarf oft eines sehr langen Vorlaufs, manchmal bis zu sechs Monate. Lass dich davon bitte nicht entmutigen. Oft bieten psychiatrische Praxen Notfallsprechstunden an, zu denen man auch ohne Termin kommen kann.

Alternative: An vielen psychiatrischen Kliniken gibt es sogenannte Institutsambulanzen. Diese Ambulanzen sind für die Versorgung von psychisch erkrankten Menschen zuständig. Hier gibt es meist täglich offene Sprechstunden. Dort kann man sehr schnell mit einem Facharzt sprechen und mehr über eine weitere Behandlung (sei es stationär oder ambulant) erfahren.

Wenn du einen Termin bei einem Psychiater bekommen hast, hast du bei diesem Termin die Möglichkeiten, deine Probleme ausführlich zu schildern. Beispielsweise kannst du erzählen, wie du dich fühlst, welche Ängste und Sorgen dich gerade bedrücken oder auch welche Symptome aktuell stark im Vordergrund stehen. Gemeinsam könnt ihr schauen, was du jetzt brauchst. Hier gibt es mehrere Möglichkeiten.

Ich zähle dir kurz die wichtigsten auf, um dir einen kleinen Überblick zu verschaffen.

a. Die Überweisung für einen psychologischen Psychotherapeuten für eine Psychotherapie.
b. Die Überweisung für eine stationäre Aufnahme in einer

psychosomatischen Klinik (falls es dir zu der Zeit sehr schlecht geht und der Arzt eine dringende Indikation dafür bei dir sieht).

c. Die Empfehlung, eine Tagesklinik aufzusuchen.
d. Ein Rezept oder Rezepte für Psychopharmaka zur Behandlung deiner Erkrankung.
e. Eine Kombination aus den Punkten a-d.

2. Je nachdem, für welche Möglichkeiten du dich entschieden hast, kannst du nun weiter vorgehen. Häufig wird ein Gespräch beim Psychotherapeuten durch den Psychiater angeraten. Du hast verschiedene Möglichkeiten, Kontakt zu einem Therapeuten aufzunehmen.
   Auch dafür fasse ich kurz verschiedene Möglichkeiten zusammen, denn ich weiß, in einer psychischen Krise kann man leicht den Überblick verlieren.

a. Die Psychotherapeutensuche über die Kassenärztliche Vereinigung.
b. Über die Internetseite der Deutschen Psychotherapeuten Vereinigung (https://www.dptv.de)
c. Über die 116 117, die Nummer für den ärztlichen Bereitschaftsdienst, hast du ebenfalls die Möglichkeit, dich über Psychotherapeuten in deiner Umgebung zu informieren.
d. Über Suchmaschinen im Internet, vor allem wenn du Adressen in deiner Wohngegend suchen möchtest.
e. Frag auch ruhig Freunde oder Bekannte nach ihnen bekannten Therapeuten. Manchmal ergeben sich so noch andere Perspektiven.

3. Hast du dir nun ein paar Therapeuten herausgesucht, heißt es, hartnäckig bleiben und nicht den Kopf in den Sand stecken, denn die Suche nach einem Psychotherapieplatz ist häufig sehr zäh und kann sehr frustrierend ausfallen. Glaub mir, aus eigener Erfahrung kann ich sagen, dass ich bei so manchen Telefonaten verzweifelt bin und Tränen in den Augen hatte. Lass dich bitte nicht von Wartelisten und Wartezeiten abschrecken. Lass dich auf jede Liste setzen oder vereinbare Termine, auch wenn sie erst in ein paar Monaten sind.

Mittlerweile gibt es das sogenannte psychotherapeutische Erstgespräch, einen Termin zum ersten Kennenlernen, sogar recht zeitnah. Hierbei wird gemeinsam mit dem Therapeuten geschaut, ob Handlungsbedarf besteht und in welchem Umfang.

Um bei der Suche nach einem Therapieplatz nicht den Überblick zu verlieren, habe ich dir eine kleine Liste zusammengestellt. Diese kannst du zur Hand nehmen, wenn du Termine bei Therapeuten vereinbarst oder um dir einen Überblick über deine bisherigen Telefonate zu verschaffen.

Meine kleine Liste zur Therapeutensuche:

Name der Praxis	
Telefonnummer	
Therapieverfahren	
Wartezeit	
ggf. Ersttermin am	

Bleib dran, gib nicht auf!

Zum Schluss möchte ich dich noch einmal ausdrücklich ermutigen, die Suche nicht nach mehreren Absagen oder wegen voller Wartelisten aufzugeben. Ich weiß, es ist frustrierend, und es kostet Nerven. Der Kopf ist sowieso schon überreizt, und die körperlichen Kräfte sind beinahe am Ende, aber es wird sich auch für dich eine Möglichkeit ergeben. Du wirst professionelle Hilfe bekommen und dich somit auf deinen Genesungsweg begeben können.

5

Diagnosen bitte nur von Fachpersonal!

Na klar, denkst du dir jetzt vielleicht, schließlich lasse ich mir auch körperliche Diagnosen nur von einem Arzt mit Approbation stellen! Was auf den ersten Blick so plausibel klingt, kann in der Realität leider ganz anders aussehen.

Vielleicht hast du schon festgestellt, dass es auch im Bereich der mentalen Gesundheit viele verschiedene Berufe, Bezeichnungen und Anlaufstellen gibt. Viele von diesen Beratungs- oder Anlaufstellen haben mit der klassischen Psychologischen Psychotherapie aber wenig gemeinsam. Viele Angebote werden nicht durch die gesetzlichen Krankenkassen erstattet und sind mit einer wissenschaftlich fundierten Psychotherapie nicht vergleichbar. Auch dürfen die meisten dieser Stellen keine Diagnosen stellen.

Damit du dich in dem Dschungel aus Angeboten und Möglichkeiten zurechtfindest und die für dich passende Form der Hilfe finden kannst, werden dir im Folgenden die bekanntesten Möglichkeiten einmal vorgestellt.

Der/Die Psychiater/in

- Abgeschlossenes Studium der Humanmedizin
- Facharztweiterbildung
- Darf Medikamente verschreiben
- Können auch als ärztliche Psychotherapeuten arbeiten

Der/Die Psychologe/in

- Abgeschlossenes Studium der Psychologie
- Weiterbildung zum psychologischen Psychotherapeuten
- Darf eine Psychotherapie durchführen, die mit einer Krankenkasse abgerechnet werden kann

Coaching / Psychologische Beratung

- Weiterbildung zum Coach, meist ohne Vorwissen möglich
- Darf keine Medikamente verschreiben
- Wird meist nicht mit der Krankenkasse abgerechnet

Heilpraktiker/in für Psychotherapie

- Ausbildung zum Heilpraktiker mit dem Zusatz Psychotherapie
- Darf keine psychischen Störungen behandeln, sondern darf wie der Coach eher beratend tätig werden.
- Meist eine Selbstzahlerleistung

Letztendlich ist es deine Entscheidung, für welche Form der Behandlung du dich entscheidest.

Du musst dich damit wohl fühlen und ein gutes Gefühl haben. Eins möchte ich dich aber bitten zu beachten:

Eine fundierte psychologische Psychotherapie wird nur von einem approbierten Psychotherapeuten durchgeführt!

Alle anderen Formen von Therapien oder Beratungen sind keine psychologische Psychotherapie nach dem PsychThG (Psychotherapiegesetz), auch wenn das von manchen Anbietern leider oft so suggeriert wird.

Daher ist es wichtig, genau zu schauen, welche Art der Therapie für dich infrage kommt und welche Hilfe du benötigst.

Leider gibt es mittlerweile gerade online sehr viele unseriöse Angebote, die mit der Not der Betroffenen schnelles Geld verdienen wollen. Damit dir so etwas nicht passiert, nutz am besten die Anlaufstellten aus dem Abschnitt »Hilfe suchen, aber wie?«.

6

Medikamente, kein Grund zur Scham

In manchen Lebenssituationen kann es sein, dass man seine psychischen Probleme nicht mehr ohne Medikamente in den Griff bekommt. Das passiert häufiger, als du denkst. Vielleicht hast du selbst schon etwas über Psychopharmaka gehört oder gelesen.

Hier bitte ich dich, bevor du dir im Internet Meinungen zu bestimmten Medikamenten durchliest: Besprich solche Dinge immer mit dem Behandelnden. Ärzte sind bei diesen Themen immer die ersten und besten Ansprechpartner, denn wie zu so vielem, gibt es auch hierzu im Internet viel Falsches und Irreführendes.

Gerade bei Psychopharmaka kursieren in der Gesellschaft viele unterschiedliche Meinungen und auch leider immer noch viele Vorurteile. Wichtig ist aber, dass du weißt, dass es überhaupt nicht schlimm ist, wenn man für eine bestimmte Zeit auf diese Medikamente zurückgreifen muss. Das hat absolut nichts mit Schwachsein zu tun.

Manchmal ist es sogar so, dass vor einem eigentlichen Psychotherapiebeginn eine medikamentöse Therapie vorangeschoben wird. Das hat den Grund, dass manche Betroffene psychisch einfach nicht stabil genug für eine anstrengende Psychotherapie sind. Erst durch die Medikamente ist es für diese Personen möglich, ihren Genesungsweg zu beginnen.

Andere wiederum lehnen eine medikamentöse Therapie grundsätzlich ab.

Hier seid ihr, DU und DEINE Entscheidung, gefragt.

Gemeinsam mit deinem Arzt kannst du dieses Thema in Ruhe besprechen und wichtige Fragen klären.

An dieser Stelle ein ganz persönlicher Rat von mir:

Bestimmte Psychopharmaka brauchen ihre Zeit, bis sie wirken und man selbst eine Veränderung spürt. Manchmal ist es sogar so, dass sich die Symptome zu Beginn der Behandlung verstärken. Wenn die Nebenwirkungen nicht tolerierbar sind, sprich zunächst mit deinem Arzt darüber, manchmal ist es sinnvoll, ein Medikament zu wechseln oder die Dosierung zu verändern. Gib dir da selbst etwas Zeit, auch wenn es schwerfällt.

Wichtig: Brich niemals ohne vorherige Absprache mit deinem behandelnden Arzt die medikamentöse Therapie ab!

Egal, wie du dich selbst entscheidest, wichtig ist, dass es sich für dich gut anfühlt. Dein Entschluss zählt und nicht der von jemand anderem.

»Es ist deine Entscheidung.«

7

Sprich offen über deine Erkrankung

Wie fängt man an, über etwas zu sprechen, was man selbst noch gar nicht richtig begreifen kann?

Wenn du bei dir Anzeichen einer psychischen Erkrankung bemerkt oder bereits eine Diagnose von einem Arzt bekommen hast, dann solltest du dich deinen Liebsten anvertrauen.

Das ist verständlicherweise gar nicht so leicht, aber zugleich enorm wichtig.

Angst vor Ablehnung, Stigmatisierung oder Konfrontationen spielen eine enorme Rolle. Oft wird aus diesen Gründen erst gar nichts erzählt, und man trägt seine Last weiter allein mit sich herum.

Vielleicht haben die Personen um dich herum aber bereits eine Ahnung oder fragen sich, warum du dich zurzeit zurückziehst, Verabredungen absagst oder immer sehr unruhig wirkst.

Da viele Menschen noch nie in Kontakt mit psychischen Erkrankungen gekommen sind, kommt vielen »die Psyche« als Grund für Veränderungen und Probleme gar nicht in den Sinn. Nicht selten kommt es so zu Spannungen innerhalb der Familie, des Freundeskreises oder in der Partnerschaft.

Auch wenn es schwerfällt, Scham, Angst, Wut, Trauer oder Hoffnungslosigkeit ganz präsent sind, vertraue dich an.

Erzähle es den Personen, zu denen du Vertrauen hast. Das nimmt dir eine enorme Last, und dein Gegenüber hat die Chance, dein Verhalten besser zu verstehen.

Enorm viele psychisch Erkrankte versuchen, ihre Erkrankung vor allem vor der Familie zu verheimlichen. Es wird eine Maske aufgesetzt, um das alte Bild zu wahren. Dieses Verhalten geht immer nur eine Zeitlang gut und führt zu enormem Druck bei den Betroffenen. Es ist wie ein Doppelleben und macht die gesamte Situation für den Betroffenen nur noch schlimmer.

Trau dich und such das Gespräch.

Wenn du dich entschließt, mit deinen Liebsten zu sprechen, dann bestimmst du, wie das passieren soll, was du preisgeben möchtest und was nicht.

Du kannst sehr allgemein bleiben, à la »Ich habe eine Angsterkrankung«, oder du möchtest deine Liebsten genauer informieren und gehst mehr ins Detail. Du sitzt am Hebel und entscheidest.

Oft ist man hinterher sehr erstaunt, denn gar nicht selten öffnen sich die anderen auch. Vielleicht erfährst du auf diese Weise sogar davon, dass es anderen in deinem Freundes- und Bekanntenkreis ähnlich geht oder deine Tante Ursula ebenfalls an einer psychischen Erkrankung leidet.

Auch wenn es sich anfühlt, als würde man ins kalte Wasser springen, ist es den Versuch wert.

Wenn du offen mit deiner Erkrankung umgehst, dann hat auch dein Gegenüber die Möglichkeit, umsichtig und fürsorglich zu reagieren.

8

Wie Angehörige helfen und unterstützen können

Vielleicht bist du, liebe Leserin und lieber Leser, Angehörige oder Angehöriger einer psychisch erkrankten Person und fragst dich, wie du deiner/deinem Liebsten durch diese schwere Zeit helfen und diesen Menschen unterstützen kannst.

Dann ist dieser Punkt hier für dich.

Zunächst einmal möchte ich dir sagen, dass du keine Angst haben musst, etwas falsch zu machen. Es bedarf meist nicht viel, um einem lieben Menschen eine Stütze zu sein. Oft ist es für den Betroffenen selbst sehr schwer, um Hilfe zu fragen und diese auch anzunehmen. Daher sei bitte geduldig, wenn die betroffene Person deine Hilfe womöglich zunächst nicht annehmen möchte oder zurückhaltend reagiert. Hierbei spielt die Scham beim Erkrankten einfach eine sehr große Rolle.

Wenn du der betroffenen Person gerne helfen möchtest und sie deine Hilfe annimmt, dann fragst du dich vielleicht: Was kann ich tun? Was hilft? Was braucht mein Gegenüber von mir? Glaub mir, vielen geht es ganz genauso. Gerade wenn man im eigenen Leben noch keine Berührungspunkte mit einer psychischen Erkrankung hatte, können manche Dinge echt komisch wirken. Es ist auch für dich als angehörige Person nicht leicht, sich auf die neue Situation einzustellen.

In meiner Arbeit als Mental-Health-Aktivistin ist es mir superwichtig, die Menschen aufzuklären, nicht nur die Betroffenen selbst, sondern auch die Angehörigen.

Ich habe hierzu einen kleinen Leitfaden erstellt, der sich direkt an die Angehörigen einer psychisch erkrankten Person richtet. Mit diesem Leitfaden möchte ich dir ein paar persönliche Hilfestellungen geben und dich dazu ermutigen, den Weg deiner betroffenen Person zu begleiten.

Leitfaden für Angehörige einer psychisch erkrankten Person:

1. Zeig Verständnis und Empathie.
Es ist für die Betroffenen ausgesprochen wichtig, sich ernstgenommen zu fühlen. Daher sei bitte offen für ihre Gedanken, sei freundlich und hab Verständnis für ihre Sorgen.

2. Informiere dich selbst über die Erkrankung.
Wenn es bereits eine Diagnose gibt, dann sammle ein paar Informationen dazu, lies dich ein bisschen ein. Erfasse die wichtigsten Eckdaten zur Erkrankung und merk sie dir.

3. Biete Hilfe im Rahmen deiner Möglichkeiten an.
Wenn es dir möglich ist, dann biete zum Beispiel Hilfe bei der Erledigung von Hausarbeiten an oder begleite die betroffene Person zu ihren Arztterminen. Da gibt es viele Möglichkeiten, unterstützend einzuwirken. Wichtig aber, immer nur so viel, wie du kannst. Setz auch bei dir gesunde Grenzen.

4. Hab Geduld.
Es wird sich nicht alles sofort bessern, manchmal hat eine betroffene Person keine Kraft, um Dinge zu verändern. Genesung ist ein Prozess, der Zeit braucht. Bleib bitte geduldig.

5. Vermeide stigmatisierende Floskeln.
»Geh doch einfach mal mehr nach draußen« oder »Früher gab es so was ja nicht« sind Sätze, die mir in meiner Arbeit immer wieder begegnen. Sie sind aber für den Betroffenen sehr verletzend und überhaupt nicht zielführend. Verzichte bitte drauf.

6. Ermutige zur professionellen Hilfe.
Manchmal geht es nicht mehr alleine, dann muss Fachpersonal helfen. Auch wenn der betroffene Mensch dies vielleicht selbst nicht sofort erkennt. Daher versuch, gemeinsam mit deiner oder deinem Liebsten nach professionellen Angeboten zu schauen. Akzeptiere aber auch, wenn es nicht gewollt ist.

7. Nimm den Druck aus der Situation.
Viele Betroffene verspüren den inneren Druck, ganz schnell wieder gesund sein zu müssen, sie wollen alles auf einmal machen, damit die Besserung nicht lange auf sich warten lässt. Dieser Druck, der entsteht, bewirkt meist das genaue Gegenteil, daher ist es wichtig, dass du den Druck rausnimmst. Zeig deiner betroffenen Person, dass alles okay ist, so, wie es ist. Dass ihr Zeit habt und die Dinge sich nach und nach ändern dürfen.

8. Achte auf dich selbst.
Ja, auch du bist wichtig. Du brauchst genauso Pausen wie jeder andere Mensch auch. Bleib bei dir und überschreite nicht deine Grenzen. Das bringt weder dir noch der betroffenen Person etwas.

Zuletzt lass dir noch sagen: Manchmal reicht es für den betroffenen Menschen völlig aus, wenn du einfach da bist. Es müssen nicht viele Worte fallen oder Lösungen gefunden werden. Ein Gefühl der Verbundenheit und Wärme sagt manchmal mehr als tausend Worte.

Ihr schafft das!

9

Liebe Angehörige, bitte achtet auf diese Zeichen!

Liebe Angehörige und lieber Angehöriger, ich finde es wirklich toll, dass du diese Zeilen liest, denn das ist nicht immer selbstverständlich. Du begleitest eine psychisch erkrankte Person und lässt sie in dieser Zeit nicht allein. Dafür hast du großen Respekt verdient.

Betroffene öffnen sich nicht immer gleich anderen Menschen gegenüber. Du kannst psychisch Erkrankten oft nicht ansehen, wie es ihnen wirklich geht. Nicht selten kommt es dann zur großen Überraschung, wenn ein erneuter Zusammenbruch stattfindet oder die Genesung ins Stocken gerät. Für Angehörige ist es nicht immer leicht, mögliche Signale einer Verschlechterung zu erkennen. Daher möchte ich an dieser Stelle etwas näher auf mögliche Anzeichen eingehen, die dir dabei helfen können, Unterschiede und Veränderungen bei deiner oder deinem Liebsten zu wahrzunehmen und einzuordnen.

Zunächst aber möchte ich erneut einen wichtigen Punkt betonen: Achte auch auf dich! Setz auch DU Grenzen. Du bist nicht für die Erkrankung deiner oder deines Liebsten verantwortlich. Du kannst die betroffene Person unterstützen und Hilfe im Rahmen deiner Möglichkeiten anbieten, aber den Weg muss dein Angehöriger selbst gehen und sein Leben selbst aktiv in die Hand nehmen.

Selbstfürsorge gilt also auch für dich!

Wie können wir also erkennen, dass es unser/unserem Liebsten mental nicht gut geht?

Hierzu gibt es eine Reihe von möglichen Anzeichen. Natürlich ist es so, dass auch in dieser Hinsicht jeder Mensch ganz individuell ist und du bei manchen Menschen vielleicht sogar gar nichts erkennen kannst.

Trotzdem solltest du näher hinschauen, wenn du bei deinem Angehörigen eines oder mehrere der folgenden Anzeichen entdeckst:

- Veränderungen im Verhalten
- Schlafstörungen
- Vernachlässigung der Körperpflege
- sozialer Rückzug
  (vor allem, wenn solches Verhalten für dein Gegenüber ungewöhnlich ist)
- vermehrte Unruhe, Anspannung oder auch Gereiztheit
- Verlust von Interessen, Aufgeben von Hobbys
- verstärkte Probleme in der Schule, im Studium oder bei der Arbeit
- vermehrte Probleme, sich um den eigenen Haushalt zu kümmern

Natürlich heißt das nicht, dass eine Person psychische Probleme hat, weil sie mal keine Lust hat, etwas zu unternehmen, oder lieber das Wochenende für sich bleibt, aber vor allem wenn du feststellst, dass sich Veränderungen häufen und dieses Verhalten eher ungewöhnlich für deine oder deinen Angehörigen ist, solltest du ruhig genauer hinschauen und das Thema auch ansprechen.

Das Ansprechen gelingt am besten durch ehrliche und offene Kommunikation.

Erkläre kurz, dass du dir Sorgen machst, und biete ein offenes Ohr zum Reden an. Zeige Verständnis, wenn dein Gegenüber gerade nicht darüber sprechen möchte. Manchmal braucht es einfach ein bisschen Zeit.

Wichtig ist nur, dass du da bist, wenn deine oder dein Angehöriger bereit ist.

10

Reminder: Lass dir bitte niemals einreden, dass …

Deine Träume unerreichbar sind.

Du nicht gut genug bist.

Du nie mehr etwas neues lernen kannst.

Du keine Liebe oder kein Glück verdienst.

Du perfekt sein musst.

Du deine Gefühle nicht fühlen darfst.

Du zu schwach bist.

Du zu sensibel bist.

Du ein schwieriger Mensch bist.

Du dich anpassen musst.

Du zu faul bist.

Du zu viel bist.

Dir Veränderungen nicht gelingen werden.

DER WICHTIGSTE FAKTOR BIST DU!

11

Mach dich selbst zur Priorität!

Lass mich eine wichtige Sache vorab klarstellen: Sich selbst Priorität einzuräumen, hat nichts mit Egoismus zu tun. Leider wird dieser Vergleich immer noch häufig benutzt und führt deshalb manchmal zu Missverständnissen. Um mit diesem Vorurteil aufzuräumen, zeige ich dir hier, wieso es sogar wichtig ist, sich selbst an erste Stelle zu setzen.

Viele Menschen, die von einer psychischen Erkrankung betroffen sind, neigen dazu, sich selbst auf ihrer persönlichen Prioritätenliste ganz weit unten anzusiedeln. Oft werden die eigenen Bedürfnisse und Wünsche komplett vernachlässigt. Nicht selten kommt es vor, dass die Betroffenen vorzugsweise versuchen, die Anforderungen und Vorstellungen anderer zu erfüllen, als mit sich selbst liebevoll umzugehen.

Dabei hat es viele Vorteile, wenn du dich an erste Stelle setzt.

- **Deine Gesundheit**
  Wenn du dich selbst lange Zeit vernachlässigst, kann das sowohl zu physischen wie auch psychischen Problem führen.

- **Dein Selbstwertgefühl**
  Indem du dich selbst zur Priorität machst, stärkst du auch gleichzeitig dein Selbstvertrauen, und ein gutes Vertrauen in dich selbst beeinflusst dich positiv in vielen Bereichen des Lebens. Sei es privat oder beruflich.

- **Deine Resilienz**
  Selbstfürsorge stärkt unsere psychische Widerstandskraft. Diese ist für uns in stressigen Lebensphasen besonders wichtig. Eine gute Basis an Widerstandskraft hilft dir dabei, besser mit schwierigen Ereignissen umzugehen und dich schneller davon zu erholen.

Nun scheint dir das meiste bestimmt plausibel, und du verstehst, warum du selbst eine gute Fürsorge benötigst. Aber wie das oft im Leben so ist: Vieles ist leichter gesagt als getan. Wie fängt man also am besten an, sich an erste Stelle zu setzen, und wie findet man zu einem liebevollen Umgang mit sich selbst (zurück)?

Es gibt verschiedene Möglichkeiten, die du für dich nutzen kannst.

1. Zeit für sich selbst nehmen.
2. Grenzen setzen.
3. Eine gesunde Lebensweise etablieren.
4. Achtsamkeit praktizieren.
5. Unterstützung suchen und Hilfe annehmen (auch eine Therapie kann Selbstfürsorge sein).
6. Eigene Bedürfnisse wahrnehmen.

Ganz egal, welche von den Möglichkeiten du für dich nutzt, wichtig ist, dass du dich damit wohl fühlst, dass du deine mentale Gesundheit stärken kannst und du einen liebevollen Weg mit dir gehst.

Denn nur so wirst du dir selbst (wieder) wichtig.

12

Ohne dich läuft nichts!

Ja, so ist es. DU bist die wichtigste Person im Prozess deiner eigenen Genesung. Denn Fakt ist, du kannst die besten Hilfen, Therapeuten, Kliniken oder Medikamente haben, wenn du nicht aktiv an deiner mentalen Gesundheit arbeitest oder dich vielleicht sogar dagegen wehrst, dann werden dir die ganzen Maßnahmen nicht viel helfen. Dann werden deine Probleme langfristig nicht gelöst, sondern bleiben bestehen, und du fühlst dich, als würdest du auf der Stelle treten.

Daher ist es für deine mentale Gesundheit absolut essenziell, dass du diesen Weg aktiv mitgestaltest.

Wie dir das gelingen kann? Ich zeige es dir.

Therapie

Meist geht man im Rahmen einer psychologischen Psychotherapie etwa einmal die Woche (es können aber auch andere und längere Abstände vereinbart werden) für 50 Minuten in die Therapiepraxis.

Der Rest der Woche, also rund 6 Tage und 23 Stunden, steht dir zu deiner Selbstreflexion und Anwendung des in der Therapie Erlernten und Erfahrenen zur Verfügung.

Also, worauf wartest du? Nutze die Tipps und Tricks und Übungen aus der Therapie und arbeite damit weiter an deiner Genesung. Von 50 Minuten Therapiegespräch allein wirst du nicht automatisch »geheilt«. Es gibt viele Betroffene, die sagen: »Ich gehe schon seit Wochen zur Therapie, aber ich merke noch keine Besserung.« Wenn ich sie frage: »Was tust du denn sonst noch, außerhalb der Therapie, für deine Besserung?«, kommt meistens die Antwort: »Nichts, dafür gehe ich ja zur Therapie.« Mach dir bitte klar:

Eine Therapie soll dich auf deinem Weg raus aus deiner Krise begleiten, nicht dich heilen!

Selbsterkenntnis

Durch das Arbeiten an dir selbst ist es dir möglich, einen besseren Zugang zu dir selbst zu bekommen. Du kannst etwa sehr gut mit Tagebüchern, Gedankenbüchern oder Journals arbeiten. Schreib auf, was dich beschäftigt. Fertige Skizzen von deinen Erfolgen oder schreib dir Merkzettel zu wichtigen Punkten aus der Therapie. Hier bist du an der Reihe, du kannst dich kreativ mit deinen Themen beschäftigen und so Zugang zu deinen Gefühlen und Gedanken bekommen. Du wirst über das Geschriebene nachdenken und dich vielleicht sogar selbst kritisch reflektieren. Diese aktive Bearbeitung wird dich innerhalb deiner Reise weit nach vorne bringen.

Langfristige Lösungen

Die Arbeit mit dir selbst konzentriert sich vor allem auf Langfristigkeit. Du selbst wirst merken, dass sich viele Probleme, Konflikte oder Symptome nicht innerhalb kürzester Zeit lösen lassen, daher ist es sehr wichtig, langfristige Strategien zu entwickeln. Was dir zuvor vielleicht wie das größte Problem erscheint, muss noch lange nicht die Wurzel all deiner Probleme sein. Also bleib dran und versuch nicht nur schnelle Linderung zu erzielen, sondern deine Probleme richtig anzupacken. Das schaffst nur du allein, dafür braucht es dich mit allem, was du erlernt hast. Deine Hartnäckigkeit wird sich auszahlen, und du wirst von deiner eigenen Arbeit an dir selbst profitieren.

Dass es nicht immer einfach ist, diese Schritte zu gehen, ist klar. Es erfordert Mut, Kraft und Ausdauer. Es wird wahrscheinlich auch nicht sofort funktionieren, und du wirst dich an so mancher Stelle fragen: »Wofür mache ich das eigentlich?«

DU machst das für dich, für dich und das Leben, das du leben willst!

Nur mit dir selbst kann eine langfristige Besserung deines Zustandes erreicht werden. Nur du selbst kannst aus alten und fehlerhaften Denkweisen lernen und sie durch neue ersetzen, und nur du selbst schaffst die Veränderung, die du dir für dein Leben wünschst!

13

Eine psychische Erkrankung sagt nichts über deine Fähigkeiten aus!

Wahrscheinlich warst du auch schon mal an einem Punkt, an dem du dachtest:

»Ich kann nicht mehr!«; »Ich schaffe es nicht – ich bin einfach zu nichts zu gebrauchen!«

Dieses sich selbst abwertende Verhalten und Denken spüren viele Menschen, die von mentalen oder psychischen Problemen betroffen sind, dabei ist diese vermeintliche Erkenntnis oder Haltung schlicht falsch und hilft dir auf deinem Weg zu mentaler Stabilität auch nicht im Geringsten weiter.

Ich möchte dir an dieser Stelle gerne erklären, warum deine psychische Erkrankung (ganz egal, um welche es sich handeln mag) nichts über deine menschlichen oder intellektuellen Fähigkeiten aussagt.

Jeder Mensch ist individuell, das bedeutet, jeder Mensch hat seine persönlichen Stärken und Schwächen. Wir alle erleben im Laufe unseres Lebens Höhen und Tiefen. Das ist normal und gehört zum Leben dazu.

Empathie und Verständnis sind Aspekte, die dich als Mensch mit einer psychischen Erkrankung besonders ausmachen können. Deine persönlichen Erfahrungen führen zu besonderen Fähigkeiten und Stärken.

Wenn du dir Zeit für Selbstreflexion nimmst, schau doch mal, was du in der Vergangenheit schon alles geschafft hast, welche Ziele du schon erreicht hast. Ich bin mir sicher, deine Liste wird sich schnell füllen.

Dich selbst abzuwerten, führt nicht nur zu einem negativen Selbstwert und Selbstbild, es begrenzt dich auch im Weiterkommen und Wachsen. Es schränkt dich ein und verhindert deinen Erfolg.

Um dir vor Augen zu führen, dass deine aktuelle negative Sichtweise auf dich selbst nicht richtig ist, bitte ich dich, eine Liste anzufertigen. Es muss kein großer Aufwand betrieben werden. Nimm dir einfach ein leeres Blatt, einen Stift und schreibe als Überschrift:

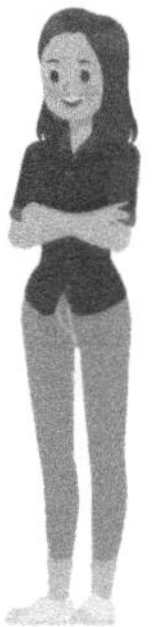

»Dinge, die ich in meinem Leben bereits erreicht habe«

Nun beginnst du, alles aufzuschreiben, was dir dazu einfällt. Sei es dein Schulabschluss, der Bachelor, die Adoption eines Hundes, das Hegen und Pflegen einer Blume, das Trösten einer Freundin und, und, und ... Ich bin mir sicher, dir werden ganz viele tolle Dinge aus der Vergangenheit einfallen, und du wirst sehen, dass du bereits sehr viel erreicht hast und keinen Grund hast, an deinen Fähigkeiten zu zweifeln. Durch diese Übung kannst du deinen Fokus weg von den negativen und selbstabwertenden Gedanken und hin zu mehr Konzentration auf all die positiven Dinge in deinem Leben lenken.

14

Vergleiche bringen nichts

Es liegt in unserer Natur, uns ständig mit anderen zu vergleichen. Das Bemerkenswerte ist, wir schneiden dabei meist nie gut ab.

Gerade wenn es um psychische Erkrankungen geht, wird gerne schnell und viel verglichen, und nicht selten zieht diese vermeintliche Erkenntnis den Betroffenen noch weiter runter.

Folgende Sätze fallen häufig:

»Aber xy geht es viel schlechter als mir, obwohl wir beide dieselbe Erkrankung haben.«
oder
»Bei xy schlägt das Medikament viel besser an, während es mir damit immer noch schlecht geht.«

Sich mit anderen psychisch Erkrankten zu vergleichen, macht keinen Sinn und entspricht im Übrigen dem berühmten Vergleich von Äpfeln mit Birnen. Es bringt dich auf deinem Genesungsweg nicht weiter, sondern hindert dich daran, deine eigenen Ressourcen zu entdecken.

Vergleiche bringen nichts, und zwar deshalb:

- Jede Erkrankung und jeder Verlauf sind individuell.
- Jede/Jeder Betroffene reagiert anders auf Medikamente, Therapien oder andere Verfahren.

- Jede/Jeder Betroffene hat ihr/sein eigenes Tempo.
- Vergleiche führen zu Neid und Bitterkeit.
- Ein ungesunder Leistungsdruck kann entstehen, der die Genesung behindert.
- Selbstmitleid und Selbstbedauern können die Folge sein und damit ein noch schlechteres Selbstbild.
- Meist vergleicht man nur unreflektiert und begünstigt dadurch falsche Annahmen.
- Wir sind dabei unfair zu uns selbst.

Vielleicht hast du nun erkannt, dass Vergleiche nicht immer so sinnvoll sind, aber trotzdem ist es gar nicht so leicht, dieses Verhalten abzulegen. Daher solltest du, wenn du dich das nächste Mal vergleichst, folgende Fragen stellen:

- Warum vergleiche ich mich gerade mit dieser Person?
- Nützt mir dieser Vergleich etwas?
- Bringt mich dieser Vergleich weiter?
- Sind xy und ich überhaupt vergleichbar?

Meist wirst du schnell feststellen, dass dich dein Vergleich nicht weiterbringt und du keinen Gewinn aus ihm ziehen kannst.

Daher lautet mein Appell an dich:

> *»Vergleiche dich nicht mit anderen von psychischer Erkrankung Betroffenen!«*

Denn auf deinem Weg zur mentalen Stärke und Stabilität zählst nur du allein!

15

Veränderungen erfordern Mut!

Auch wenn man es sich vielleicht nicht gerne eingestehen will, aber es ist nun mal so: Der Mensch mag Veränderungen nicht gern. Er ist ein Gewohnheitstier und genießt den Komfort und die Sicherheit, die sich aus der Routine ergeben.

Wenn du zum Beispiel unter einer Angststörung leidest, dann wirst du vermutlich wissen, dass gerade Veränderungen, Umbrüche oder unerwartete Ereignisse Ängste enorm verstärken oder triggern können.

Daraus entsteht das Problem, dass Menschen mit Ängsten oder Unsicherheiten besonders ungerne aus ihrer Komfortzone herauskommen. Sie verweilen dort, und mitunter wird es für sie fast unmöglich, diese Blase wieder zu verlassen.

Veränderung ist unangenehm und fühlt sich nicht immer gut an!

Wenn du deine mentalen Probleme aber langfristig überwinden möchtest, dann ist Veränderung unumgänglich. Auch wenn es sich zunächst falsch anfühlt und es dir eventuell erst einmal gar nicht gut damit geht, möchte ich dir nun zeigen, wie dir Veränderungen helfen können.

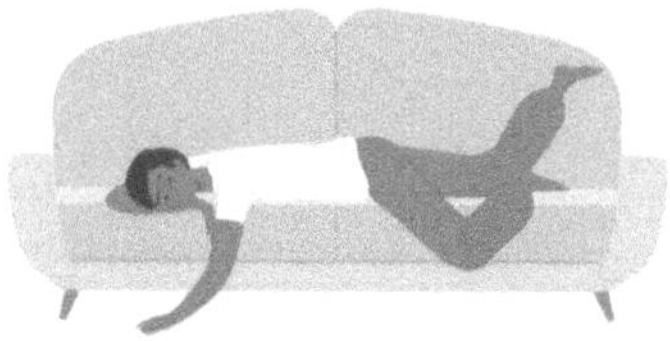

Raus aus der Komfortzone!

Wage den Schritt raus aus deiner sicheren Zone, schau über den Tellerrand und geh neue Wege. Die Komfortzone ist gemütlich und bietet dir Sicherheit, keine Frage, aber sie hindert dich an neuen Erfahrungen und persönlichem Wachstum.

Also aufstehen und den ersten Schritt wagen!

Konfrontation mit Ängsten

Der Gedanke, seinen Ängsten in die Augen zu schauen, mag dir im ersten Moment eventuell gar nicht gefallen, aber nur wer sich seinen Ängsten stellt, kann sie langfristig auch überwinden. Hier gilt der Spruch »Der Weg aus der Angst führt durch die Angst«.

Umgang mit dem Ungewissen

Auch wenn wir es gerne anders hätten, vieles in unserem Leben liegt außerhalb unseres Einflusses. Wir können nicht alles planen oder kontrollieren. Daher ist es wichtig, einen gesunden Umgang mit dem Ungewissen zu erlernen und Veränderungen in unserem Leben zuzulassen und die möglichen Unsicherheiten zu tolerieren.

Selbstvertrauen stärken

Veränderungen können sich sehr auf dein Selbstvertrauen auswirken. Den Mut dafür aufzubringen und neue, unbekannte Wege zu gehen, stärkt dein Vertrauen in dich enorm. Je öfter du diesen mutigen Schritt gehst, desto mehr Selbstvertrauen und Selbstbewusstsein gewinnst du.

Ich weiß, es ist nicht einfach, Veränderungen zuzulassen, und ich verstehe deine Ängste und Sorgen dabei, aber nur wenn du dich traust und einen Fuß vor den anderen setzt, um Schritt für Schritt voranzukommen, kann es dir gelingen, neue Routinen zu entwickeln, dein Selbstvertrauen wiederzufinden und neue Wege zu beschreiten. Sei mutig!

16

Es müssen nicht immer 100 Prozent sein!

Schneller, höher, weiter, besser – unsere heutige Gesellschaft hat ein Leistungsbild erschaffen, das für den normalen Menschen kaum zu realisieren ist. Instagram, TikTok und Co. suggerieren uns ein Leben, wie es sein sollte, aber für uns in aller Regel nicht umsetzbar ist. Wir sehen die perfekten Bilder, die perfekte Familie und den perfekten Job. Das macht etwas mit uns!

Es setzt viele Menschen enorm unter Druck. Dass dieses Lebensbild nicht der Wahrheit entspricht und die meisten Menschen eben nicht so leben, wie es in solchen Videos oder Reels gezeigt wird, wird oft einfach ausgeblendet.

Der Druck, der dabei entstehen kann, löst häufig Versagensängste oder auch ein Gefühl von Minderwertigkeit aus.

Das Problem, das dabei auf Dauer entstehen kann, ist der Drang zum Perfektionismus. Perfektionismus kann langfristig gesehen sehr ungesund für die Psyche sein, und nicht selten mündet dieser in einen Burn-out oder einer anderen psychischen Krise.

Daher habe ich heute einen kleinen Vorschlag für dich:

Wie wäre es denn für dich, wenn du heute mal nur 60 Prozent geben würdest?

Und ich habe auch gleich noch ein paar Ideen für dich, was du mit den 60 Prozent tun kannst:

- Setz mehr Prioritäten. Dabei könntest du dich fragen, was gerade wirklich wichtig ist, worauf musst du dein Augenmerk legen und was kann auf deiner To-do-Liste auch später bearbeitet werden?
- Setz dir realistische Ziele. Deine Erwartung an dich selbst wird auf diese Weise verbessert und du läufst nicht Gefahr, dich völlig zu übernehmen. Dabei achtest du zugleich auf deine mentale Gesundheit und stärkst dein Vertrauen in dich selbst.
- Die gesparte Energie kannst du für Dinge nutzen, die dir Freude bereiten. Hier findest du einen Ausgleich und kannst zugleich deine Batterien wieder aufladen.

17

Starte jetzt und warte nicht auf den »richtigen Moment«!

Gibt es eigentlich den richtigen Augenblick? Sollte man lieber auf den richtigen Moment warten, um gegen seine Ängste anzukämpfen?

Meine Antwort:

NEIN!
Sollte man nicht.
Die Zeit, deine Probleme anzugehen, ist genau jetzt.

Ich selbst habe diese Strategie lange Zeit verfolgt und mir immer gesagt: »Ich kann nicht gegen meine Probleme und/oder Ängste angehen, solange es mir nicht etwas besser geht.«

Erst viel später habe ich gemerkt, dass dies auch eine Art Vermeidungsverhalten war, um mich mit den unangenehmen Gefühlen und Gedanken nicht auseinandersetzen zu müssen.

Als ich an diesem Punkt angekommen war, habe ich auch die Gründe erkannt, warum es wichtig ist, die Dinge jetzt und nicht später in die Hand zu nehmen. Diese Punkte möchte ich dir an die Hand geben, damit du dir ebenfalls die Frage stellen kannst: »Wieso warte ich immer noch?«

Der erste und wahrscheinlich auch der wichtigste Punkt ist:

1. Der richtige Zeitpunkt ist eine Illusion!

Ja, es ist wirklich so, es gibt keinen perfekten Zeitpunkt, um anzufangen, denn, seien wir mal ehrlich, wenn ich eine Möglichkeit zum Aufschieben finden will, dann finde ich sie auch.

2. Durch das Aufschieben werden meine Probleme weder kleiner, noch nehmen sie ab!

Auch das ist leider wahr, es ist sogar so, dass eher das Gegenteil der Fall ist. Je länger ich meine Probleme vor mir herschiebe, desto mehr Druck machc ich mir selbst und desto unüberwindbarer empfinde ich meine Probleme.

3. Es entstehen viele verpasste Chancen und Möglichkeiten.

Oft ging mir der Gedanke durch den Kopf: Wenn es mir jetzt schon besser gehen würde, dann könnte ich dies oder jenes tun, aber ich kann es nicht, weil es mir noch nicht besser geht. Das klingt irgendwie paradox, oder? Daraufhin begann ich, sauer auf mich selbst zu werden. Verpasste Geburtstage, Absagen von Verabredungen, nicht eingehaltene Termine usw. Ich betrauerte die verpassten Möglichkeiten, und ich wusste, ich möchte nicht noch mehr schöne Dinge verpassen oder mir weitere Chancen entgehen lassen.

Also:

START NOW!!

18

Werde selbst zur Expertin oder zum Experten

Kennst du das Wort Psychoedukation? Nein? Dann würde ich sagen, es ist an der Zeit, diesen Begriff kennenzulernen, denn er ist sehr wichtig, wenn es darum geht, zu verstehen, was psychische Erkrankungen überhaupt sind und was sie bedeuten.

Psychoedukation bedeutet im Grunde nichts anderes als:

Menschen gezielt Informationen und Wissen über mentale Gesundheit und psychische Probleme zu vermitteln.

Denn gerade zu Anfang einer psychischen Problematik versteht man oft die Welt nicht mehr.

Dann tauchen plötzlich Fragen auf wie:

- Was passiert gerade mit mir?
- Was stimmt mit mir nicht?
- Bin ich überhaupt noch »normal«?
- Warum fühle ich mich so komisch?

Und genau hier kann die Psychoedukation ansetzen. Übrigens, egal, ob in Therapie oder Selbstmanagement, Psychoedukation kann dir aus verschiedenen Richtungen nähergebracht werden.

Die Säulen der Psychoedukation sind dabei folgende:

1. Aufklärung! Für ein sicheres Gefühl und besseres Verständnis. Also auch ein besseres Verständnis für die eigene Situation.
2. Entlastung! Das Gefühl, zu wissen, mit mir ist trotz meiner Themen alles okay! Es kann auch einiges nicht okay sein – und trotzdem bin ich okay, so wie ich bin. Ich habe mentale Probleme, aber diese kann ich angehen.
3. Erste Schritte! Informationen über die Erkrankung erwerben und verstehen. Stigma-Abbau ist wichtig.
4. Selbstmanagement! Erworbenes Wissen nutzen, um Situationen zu meistern.
5. Prävention! Anzeichen erkennen können, um daraufhin schneller effektiv dagegen anzugehen.
6. Stärkung des sozialen Umfeldes! Auch Angehörige und Freunde mit einbeziehen und aufklären. Das schafft oft ein besseres Verständnis für die Situation.

Wie oben bereits erwähnt, ist es möglich, Psychoedukation auf verschiedene Weise zu erlernen.

Wenn du eine Therapie bei einem Psychotherapeuten begonnen hast, dann werden meist zu Beginn erstmal ein bis zwei Stunden der Psychoedukation gewidmet, auch um eine Grundlage und ein Verständnis für die Erkrankung zu schaffen.

Wenn du dich selbst auf den Weg begeben und mehr über mentale Probleme erfahren möchtest, gebe ich dir im Anhang dieses Buches ein paar Stellen, Telefonnummern und Internetseiten an die Hand, wo du gute und seriöse Informationen finden kannst.

19

Du bist der Fahrer deines Lebensbusses

Fährst du deinen Lebensbus, oder lässt du dich fahren? Für mich ist die Übung, die übrigens aus der ACT (Akzeptanz- und Commitment-Therapie) kommt, eine der wichtigsten und lehrreichsten Übungen überhaupt.

Sie bietet einen enorm förderlichen Ansatz auf dem Weg zur psychischen Flexibilität. Daher war es mir ungemein wichtig, dir diese Übung vorzustellen. Ich bin mir sicher, auch du wirst mit ihr arbeiten können und sie als genauso wertvoll empfinden wie ich.

Übrigens, diese Übung ist nicht nur bei Ängsten dienlich, sie kann flexibel bei ganz vielen Problemen zum Einsatz kommen.

So, dann schauen wir uns den obigen Bus mal genauer an.

Zunächst haben wir da die Busfahrerin oder den Busfahrer. Diese Person sitzt am Steuer dieses Busses und lenkt ihn durch die Straßen von Haltestelle zu Haltestelle.

Somit gibt die fahrende Person also vor, wohin es geht. Sie hat die Kontrolle über den Bus.

Du darfst dir jetzt vorstellen, dass DU diese busfahrende Person bist, denn es ist dein Lebensbus.

Hinter dem Busfahrer sitzen die Fahrgäste. Du erkennst bereits an der Illustration, dass es sich bei diesen Fahrgästen um besondere Wesen handelt. Es sind nicht die dich im Alltag umgebenden Verwandten oder Freunde, die du von Haltestelle zu Haltestelle fährst. Nein, es sind vielmehr Gäste, die man auf den ersten Blick nicht so gerne mitnehmen würde. Vielleicht sitzt zu deiner Linken das kleine Angstmonster oder auf dem Platz hinter dir deine Angst vor geschlossenen Räumen, ja, nicht auszuschließen, dass sogar auf der Rückbank dieser eine blöde Gedanke sitzt, der sich immer und immer wieder in deinen Kopf schleicht und dir große Ängste bereitet.

Also können wir festhalten: Die Fahrgäste sind deine Ängste, Sorgen, unbequemen Gefühle usw.

Jetzt fragst du dich vielleicht, warum sollte ich all diese unangenehmen Begleiter mitfahren lassen und mich mit ihnen auf eine Reise begeben? Wieso sollte ich sie dabeihaben wollen?

Die Frage lässt sich relativ simpel beantworten.

Sie gehören zu dir!

Sie sind ein Teil von dir, und auch dieser Teil möchte wahrgenommen werden.

Ich weiß, jetzt kommt ganz automatisch der Satz: Ich will keine Ängste und negative Gedanken mehr haben. Ich habe das selbst auch jahrelang immer und immer wieder gesagt und unzählige Male umzusetzen versucht. Ich kann dir sagen, es hatte nie Erfolg.

Wenn wir stattdessen aber ausprobieren, wie es sich anfühlt, *mit* diesen speziellen Fahrgästen in einem Bus zu sitzen, haben wir die Möglichkeit, neue Erfahrungen zu machen und einen anderen Umgang mit ihnen zu erlernen.

Vielleicht probieren wir es mal zusammen aus.

Wir sitzen also in unserem schönen Bus, und wir haben Fahrgäste darin sitzen wie Gerda das Angstmonster oder Uli den Zwangsgedanken, ganz hinten versteckt sich auch noch Berta, die immer wieder gerne diese negativen Gefühle zu dir schickt und dir den Tag so schwer macht.

Eigentlich haben wir gar keine Lust, den Bus zu starten und loszufahren, aber wir könnten es ja einfach mal probieren. Wir könnten die Fahrgäste schlicht – akzeptieren, und statt uns nur auf sie zu fokussieren, könnten wir lieber unsere Aufmerksamkeit auf unsere Route richten. Denn wir haben schließlich ein Ziel.

Wir fahren also los und merken nach einiger Zeit, wie sich Gerda immer weiter nach vorne schleicht und immer lauter wird, aber deine Aufmerksamkeit bleibt auf der Straße und bei deinem Ziel. Du hörst sie zwar und merkst auch, dass sie mehr und mehr versucht, deine Aufmerksamkeit zu erhaschen, aber du bleibst konzentriert und fokussiert. Gerda ist nach einiger Zeit überrascht, dass du dich nicht mehr dermaßen von ihr angezogen fühlst, und verdrückt sich wieder auf ihren Sitz.

Du merkst vielleicht, dass es gar nicht so schlimm ist, deine Ängste und Sorgen mit auf deine Reise zu nehmen. Oder du stellst sogar fest, dass du als Fahrerin oder Fahrer des Busses die Kontrolle darüber hast, wohin es geht – und nicht etwa deine Fahrgäste.

Dieses Gefühl wird sich auf dem Weg deiner Reise immer mehr festigen und dir zeigen, dass du keine Angst vor unangenehmen Fahrgästen in deinem Lebensbus zu haben musst, selbst vor den besonders fürchterlichen, mächtigen nicht.

Was ich dir mit dieser Übung sagen und zeigen will, ist, dass wir erlernen können, auch Unangenehmes in unserem Leben auszuhalten und zu akzeptieren. Unser Lebensbus wird immer wieder an Haltestellen stoppen, an denen möglicherweise unangenehme Fahrgäste einsteigen, und diese werden uns ein paar Stationen begleiten. Es liegt aber an uns als Fahrerinnen und Fahrer, die die Kontrolle über diesen Bus haben, wie wir auf diese Fahrgäste reagieren. Wenn wir unser Ziel vor Augen haben, werden uns diese Fahrgäste nicht von unserem Weg abbringen. Natürlich kann es sein, dass wir für kurze Zeit etwas abgelenkt von dem ein oder anderen Gast sind und eventuell auch ab und an einen kleinen Umweg fahren, aber wir am Lenkrad des Lebensbusses werden immer wieder auf unsere eigentliche Route zurückkehren und weiter unser Ziel verfolgen.

Wir haben es selbst in der Hand, und genau das finde ich an dieser Übung so schön: Wir können lernen, zu gestalten und zu akzeptieren und uns achtsam den Gegebenheiten zu stellen. Wir werden dabei feststellen, dass wir uns von unangenehmen Gefühlen auf gesunde Weise distanzieren können, ohne sie zu verdrängen. Wir steigern damit unsere Selbstwirksamkeit und haben so auf Dauer die Chance, uns gesünder mit Stress und Herausforderungen des Lebens auseinanderzusetzen.

20

Setz nötige und gesunde Grenzen

Es ist wichtig, Grenzen zu setzen. Aber was sind eigentlich die eigenen persönlichen Grenzen? Und warum ist es gut, welche zu haben?

Grob gesagt, sind Grenzen persönliche Schutzmechanismen. Das kann auf körperlicher wie auf emotionaler Ebene sein. Sie spiegeln auch unsere Werte und unsere individuellen Bedürfnisse wider.

Falls du dich jetzt noch fragst, warum wir Grenzen setzen sollten, habe ich hier ein paar Beispiele für dich:.

1. Selbstachtung
2. Selbstschutz
3. Selbstbestimmung
4. persönliche Entwicklung
5. persönliche Ressourcen

Du siehst also, für dich und deine mentale Stabilität kann es wirklich hilfreich und wichtig sein, persönliche Grenzen zu wahren. Denn wenn deine Grenzen von dir selbst oder aber von anderen immer wieder überschritten werden, kann das auf die Dauer ungesund und schlecht für die eigene Psyche werden.

Aus ständiger Grenzüberschreitung können sich viele Probleme ergeben. Zum einen überlastest du dich immer wieder selbst, wenn du deine Grenzen nicht schützt. So entsteht auf die Dauer ein ungesunder Strudel aus Stress und unklaren oder sogar unerfüllbaren Erwartungen. Ebenso schränkst du dich so auch selbst in deiner Lebensqualität ein, denn wenn du regelmäßig Dinge tust, die du gar nicht willst, wird es dich auf die Dauer in deinem Leben belasten und zu einem Problemfaktor werden. Im Prinzip führt eine dauerhafte Grenzüberschreitung dazu, dass du dich und deine mentale Gesundheit vernachlässigst. Du übergehst dich immer wieder selbst und hörst nicht auf deine innere Stimme, die vielleicht des Öfteren schon laut NEIN! gerufen hat.

Gesundes Grenzensetzen ist die Grundlage für das emotionale Wohlbefinden!

Aber wie kann ich für mich selbst erkennen, wo meine Grenzen verlaufen? Hier lautet das entscheidende Stichwort Selbstreflexion. Also nichts anderes, als in mich zu gehen und innezuhalten, hineinzuhorchen in meine Gefühle und Gedanken. Abtauchen und forschen. Die eigenen Werte und Bedürfnisse und Emotionen kennenlernen. In dem Abschnitt »Selbstreflexion – eine wichtige Hilfe« erkläre ich, was man unter Selbstreflexion versteht und wie man sie für die mentale Gesundheit nutzen kann. Wenn du Lust hast, kannst du an dieser Stelle auch gerne einmal aufschreiben, was deine Werte und Bedürfnisse sind. Was DIR wichtig ist und was du für deine mentale Stabilität brauchst.

Kommen wir nun zum letzten Punkt: das eigentliche Grenzen setzen. Vielleicht bist du dir bereits im Klaren, wo deine Bedürfnisse, Wünsche oder Werte liegen, aber du weißt noch nicht so genau, wie du in die Umsetzung kommst. Dafür habe ich ein paar Ideen, die dir helfen sollen, deine Grenzen vor anderen aufzuzeigen und in die Umsetzung zu kommen.

- **Eine klare Kommunikation!**
  Sag das, was dir wichtig ist. Erklär den anderen deine Grenzen und sei dabei ehrlich und offen.

- **Eine eigene klare Linie!**
  Wenn du deine Grenzen klar kommuniziert hast, dann bleib dabei. Lass dich nicht durch die Meinung anderer verunsichern oder zurückrudern.

- **Setz eigene Prioritäten**
  Stell dich an die erste Stelle. Das hat nichts mit Egoismus zu tun, sondern ist notwendig, wenn du dich für deine Bedürfnisse und Werte einsetzt.

- **Üb dich in Selbstfürsorge**
  Sei nicht zu streng mit dir selbst, wenn es dir nicht sofort gelingt, deine eigenen Grenzen offenzulegen oder zu wissen, was du eigentlich willst. Grenzen setzen ist ein Prozess, der sich über ein ganzes Leben zieht.

21

Reminder: Mach dir bitte bewusst ...

Es braucht dich für Veränderungen.

Nur du allein kannst deinen Weg gehen.

Hilfen sind nur unterstützende Maßnahmen.

Veränderungen fühlen sich nicht immer gut an.

Zweifel und Unsicherheiten sind normal.

Es braucht nicht *den* perfekten Zeitpunkt für einen Neustart.

Neue Routinen brauchen Platz und Zeit.

Übung macht den Meister.

REIN IN DIE MATERIE: WISSEN RUND UM DEINE PSYCHE

22

Dein Nervensystem, deine persönliche Schaltzentrale

Ich stelle mir mein Nervensystem wie einen elektrischen Schaltkreis vor, sozusagen meine Schalt- und Steuerzentrale. Diese koordiniert und reguliert meine Körperfunktionen. Wenn ich mir das so klar mache: ziemlich wichtig, oder?

Keine Angst, ich werde hier nicht den Aufbau unseres Nervensystems zu erklären versuchen, dafür gibt es Leute, die das viel besser können als ich, außerdem hilft uns solch ein Wissen in akuten Krisen auch nicht weiter. Es lohnt sich allerdings unbedingt ein Blick darauf, was unser Nervensystem bei unangenehmen Gefühlen wie zum Beispiel Angst macht.

Wir haben zwei Gegenspieler in unserem Nervensystem, den Sympathikus und den Parasympathikus.

Während der Sympathikus unser aktiver Teil und etwa gerne mal der Vortänzer auf einer Party ist oder einen richtigen Abenteuerurlaub liebt, mag es der Parasympathikus eher ruhig, er ist eher der All-inclusive-Urlauber.

Auf das Gefühl der Angst bezogen, bedeutet das, dass unser Sympathikus loslegt, sobald unsere Alarmanlage das Go gibt. Das tut er, indem er uns beispielsweise auf eine mögliche Flucht- oder Kampfreaktion vorbereitet. Er lässt also unser Herz schneller schlagen, er wird dafür sorgen, dass wir all unseren gedanklichen Ballast, der in der konkreten Situation nicht das Überleben oder Überstehen sichert, über Bord werfen, und es könnte auch sein, dass wir richtig ins Schwitzen kommen, anders gesagt, unser Körper läuft auf Hochtouren.

Bei Menschen, die mental im Gleichgewicht sind, ist das Verhältnis zwischen den beiden Spielern in Balance. Nach Situationen mit deutlich erhöhtem Erregungszustand kommt es sehr schnell wieder zu einer Entspannung und Erholung. Bei Menschen, die allerdings Probleme mit etwa Angstzuständen haben, ist dieses Verhältnis gestört. Während der Sympathikus feuert und feuert, macht der Parasympathikus weiter Urlaub. Statt sich beruhigend einzubringen, überlässt er dem Sympathikus das Feld, um zu wüten, obwohl längst Entwarnung herrscht.

Was können wir also tun, um uns in solchen Situationen zurück in die Entspannung und Erholung zu bringen? Wir müssen unseren Parasympathikus aus dem Urlaub holen und ihn wieder aktiv werden lassen.

Dazu bedarf es einiger Übung, aber je mehr wir üben, wieder Ruhe in unser Nervensystem zu bringen, desto weniger kann die Alarmanlage Krach schlagen.

Tipps zur Aktivierung des Parasympathikus

a. Üb dich in Atemtechniken (um die es im vierten Kapitel gehen wird), so bekommt dein Nervensystem die Rückmeldung, dass alles okay ist!
b. Progressive Muskelentspannung – entspannte Muskeln sorgen für entspannte Nerven (und umgekehrt) und begünstigen die Stressbewältigung. Das kann sehr hilfreich sein, um den Unterschied von Anspannung und Entspannung neu zu erlernen.

c. Achtsamkeit, Meditationen oder kurze Traumreisen können dich erden und dir Ruhe und Ausgeglichenheit schenken.
d. Begib dich in Distanz, indem du die Beobachterposition einnimmst, und schau neugierig, was passiert, ohne Aufkommendes zu bewerten.
e. Sport und Bewegung helfen dabei, Stresshormone abzubauen und wieder in einen Zustand der Entspannung zu kommen.

23

Dein Körper reagiert immer mit

Unsere Psyche und unser Körper stehen in einer sehr engen Verbindung zueinander. Es ist also nur logisch, dass, wenn es uns psychisch nicht gut geht, auch unser Körper reagiert. Andersherum gilt das ebenfalls.

Meine sehr geschätzte Therapeutin hat mir zum Anfang unserer Therapie den Satz gesagt

> *»Wenn Sie nicht auf Ihre Seele hören, beginnt der Körper laut zu werden, denn das überhören Sie dann nicht mehr.«*

Für viele ist es am Anfang sehr beängstigend, wozu der Körper in der Lage sein kann, um gehört zu werden. Nicht selten finden sich Betroffene einer Angststörung in der Notaufnahme eines Krankenhauses wieder, denn sie glauben, einen

Herzinfarkt oder Schlaganfall erlitten zu haben. Für die Betroffenen fühlen sich die Symptome echt an. Viele haben einen wahren Ärztemarathon hinter sich, bis sie gesagt bekommen, ihr Problem sei psychischer Natur.

Um dir einen kleinen Überblick zu vermitteln, welche Symptome auf körperlicher Ebene auftreten können, habe ich zusammen mit meiner Instagram-Community eine Liste erstellt.

Die Liste ist superlang geworden, daher beschränke ich mich hier auf die 24 Symptome, die am häufigsten genannt wurden:

1. Schwitzen
2. inneres Zittern und Beben
3. Herzrasen
4. weiche Beine
5. Schwindel
6. Übelkeit
7. hoher Puls
8. Hitzewallungen
9. Frieren
10. Druck auf der Brust
11. Brennen auf der Haut
12. häufiger Harndrang
13. Herzstolpern
14. Muskelverspannungen
15. unruhiger Atmen
16. Kopfdruck

17. Kieferschmerzen
18. Tinnitus
19. Zuckungen am Körper
20. Magenschmerzen
21. Durchfälle
22. Vergesslichkeit
23. Herzklopfen
24. Kopfschmerzen

Diese Symptome sind alle beunruhigend und unangenehm und können große Angst machen, aber während du diese Symptome an dir verspürst, gibt es Dinge, die du dir dabei immer bewusst machen solltest:

- Diese Symptome sind unangenehm, aber nicht gefährlich!
- Ich bin in Sicherheit, mir passiert nichts!
- Mein Körper ist gerade in einem Alarmzustand, weil er denkt, ich bin in Gefahr!
- Die Symptome, die ich fühle, sind nur Überreaktionen meines Nervensystems!
- Es geht vorbei, es geht immer vorbei!

Aber was kannst du für dich tun, wenn du dich in so einer Lage befindest und dein Körper wieder einen viel zu wilden Tango mit dir tanzen will?

Im vierten Kapitel wird es um »Skills, deine Soforthilfe« als Helfer gegen deine Ängste gehen. Hier möchte ich zunächst darauf eingehen, was du für eine langfristige Beruhigung deines Körpers tun kannst.

Hierbei ist vor allem wichtig zu verstehen, dass die Symptome, die du spürst, wirklich nicht gefährlich für dich sind. Unangenehm ja, keine Frage, aber nicht gefährlich.

- Akzeptiere deine Symptome. Versuch nicht, sie von dir zu weisen oder sie zu unterbinden. Lass sie da sein und sich austoben.
- Mach trotz der Symptome Dinge, die dir Spaß machen. Geh etwas essen oder gönn dir ein Bad. Nimm deine Symptome einfach mit. Du wirst sehen, je öfter du das machst, desto leichter wird es werden.
- Vermeide nichts. Wenn du Angst vor dem Autofahren hast, weil du fürchtest, dir könnte dabei übel werden, dann lass dich trotzdem darauf ein. Dein Körper wird durch die Vermeidung nur noch stärker reagieren. Sinnvoller ist es, sich nach und nach der Situation zu stellen (sinnvollerweise therapeutisch begleitet bei starker Angst).
- Handle weiterhin zielorientiert. Trotz deiner Symptome kannst du deinen Weg gehen. Lass dich nicht davon stoppen, sondern nimm sie mit.

Zum Abschluss noch eines: Ich weiß, wie sich diese Symptome anfühlen können, und mir ist nur zu bewusst, dass Lösungen und Ratschläge schnell aufgeschrieben werden können, die Umsetzung aber natürlich deutlich länger dauert. Aber ich kenne auch die andere Seite und weiß, dass es besser werden kann, dass die Symptome verschwinden können. Es geht nicht von heute auf morgen, und es bedarf Ausdauer, Mut und Kraft, aber ich kann dir sagen, dass sich dieser Weg lohnt.

24

Was Ängste mit dir machen können

Wenn du bis jetzt womöglich dachtest: »Alles gut und schön, was sie da so schreibt, aber weiß sie denn auch, wovon sie da spricht?«, dann lass dir gesagt sein: Ich habe alles an meinem eigenen Körper gespürt und erlebt. Vieles war sehr beängstigend, manches war sehr anstrengend, aber nichts war für mich so überwältigend wie das Gefühl der absoluten Angst. Nichts hat mich mehr aus der Bahn geworfen als die Bilder in meinem Kopf, die mir die Angst immer und immer wieder gezeigt hat.

Unsere Angst kann extrem mächtig werden, vor allem wenn man sie immer weiter füttert. Unsere Angst liebt es, zu essen, denn das macht sie stärker und sie wird sich zunehmend wichtiger fühlen.

Genau deshalb möchte ich dir in diesem Abschnitt zeigen, wozu die Angst in der Lage sein kann. Das mache ich nicht, um dir noch mehr Angst zu machen, sondern vielmehr, um dich aufzuklären. Denn oft denken wir, dass das, was wir denken und fühlen, nicht mehr normal ist. ICH BIN NICHT MEHR NORMAL! Wir wissen meist gar nicht, dass das »nur« die starke Angst ist, die uns gerade dazu bringt, uns selbst grundlegend infrage zu stellen.

Daher möchte ich dir noch einmal sagen: Angst an sich ist nicht gefährlich. Sie ist ein Gefühl. Sie möchte dich vielleicht auf ihre eigensinnige Art und Weise auf Dinge aufmerksam machen, die du bis jetzt immer überhört oder übergangen hast. Sie wird dir aber nichts tun, auch wenn es sich manchmal so anfühlt.

Angst kann zahlreiche Facetten haben, die bei jedem Menschen auf sehr unterschiedliche Weise zum Vorschein kommen können.

Ich möchte dir eine Liste mit den unterschiedlichsten Angstgedanken, Gefühlen und Empfindungen zeigen. Du wirst dich sicherlich in dem ein oder anderen Punkt wiederfinden. Und allein das wird dir zeigen, dass du mit deinen Ängsten nicht allein bist.

Wie sich Angst zeigen kann:

- Angst kann dich dazu bringen, dass dein gesamtes rationales Denken blockiert ist.
- Angst kann dir jegliche Freude und jeglichen Spaß nehmen.
- Angst kann bewirken, dass du dich wie gelähmt fühlst.
- Angst nimmt dir Stück für Stück deinen Freiraum.
- Angst bringt dich dazu, Dinge zu vermeiden, die dir sonst wichtig waren.
- Angst bürdet dir die schlimmsten Gefühle und Gedanken auf.
- Angst kann bewirken, dass du nur noch in Katastrophen denkst.
- Angst kann dich dazu bringen, 24/7 über sie nachzugrübeln.
- Angst kann dich so weit einschränken, dass du es kaum noch schaffst, deinen Alltag, Beruf oder dein Familienleben zu bewältigen.
- Angst schafft es sogar, dass du das Haus nicht mehr verlassen geschweige denn noch Auto fahren kannst.

Wenn du die Liste liest, fallen dir bestimmt weitere persönliche Erfahrungen ein, wie sich bei dir die Angst zeigt. Angst ist sehr individuell. Und in jedem Fall ist Angst sehr schlimm. Man möchte sich so nicht fühlen, und doch ist es immens schwer, sich von diesen Gedanken und Emotionen nicht beeinflussen zu lassen.

Aber Angst hat Schwachpunkte! Ich habe weiter oben geschrieben, dass die Angst größer und stärker wird, je mehr wir sie füttern. Wie wäre es also, wenn wir den Spieß umdrehen und der Angst kein Futter mehr anbieten würden? Wenn wir plötzlich zum schlechtesten Restaurant der Stadt werden und keine Gerichte mehr anbieten würden?

Unsere Angst würde sich wahrscheinlich zunächst ziemlich aufregen und vielleicht sogar richtig ungehalten und laut werden, wie ein pampiger, unzufriedener Gast, der vergeblich auf sein Essen wartet. Aber weißt du, was dieser Gast schließlich machen würde? Er würde gehen. Er würde ziemlich stinkig und sauer unser Restaurant verlassen und vermutlich so schnell keinen Fuß mehr in unseren Laden setzen, und genau das wollen wir erreichen.

Wir wollen, dass die Angst von allein geht. Wir haben es selbst in der Hand!

Dass das nicht einfach ist, weiß ich, vor allem wenn die Angst stark und akut ist.

Wir dürfen aber trotzdem nicht vergessen, dass wir es schaffen können. Dass, auch wenn die Gedanken pausenlos durch den Kopf kreisen, wir unseren Heilungsweg gehen können. Angst kann dir viel nehmen – du kannst es dir aber auch wieder zurückholen.

Um dir das noch weiter zu verdeutlichen, sind hier ein paar stärkende Sätze für dich:

Du gibst den Weg vor, nicht deine Angst.

Höre nicht auf deine Angst, wenn sie mal wieder sagt: »Du schaffst es nicht!«

Du bist wertvoll, mit oder ohne Angst.

Du hast alles, was du brauchst, bereits bei dir.

Lass dich nicht einschränken, sei frei, lebe und liebe.

25

Dr. Google: hilfreich oder nicht?

Oje, war dieses Muttermal gestern auch schon so dunkel? Hat es sich verändert, sollte ich es vielleicht untersuchen lassen? Mhhm … aber auf einen Termin beim Dermatologen warte ich bestimmt mehrere Wochen, was, wenn es sich bis dahin verschlimmert, wächst oder es sogar zu spät ist?

Ich sollte vielleicht mal im Internet googeln, dort kann ich nach passenden Bildern suchen, die meinem Muttermal ähneln, und vielleicht bekomme ich Infos, ob ich nicht doch Hautkrebs habe! Danach bin ich beruhigter.

Hand aufs Herz, erkennst du dich in diesem kleinen Beispiel wieder? Hast du auch schon mal fix die Suchmaschine angeschmissen und zwei, drei Schlagwörter in die Tasten gehauen, um schnell nebenbei zu checken, was du haben könntest?

Wie oft hast du dir selbst schon eine Diagnose gestellt?

Wenn wir ehrlich sind, hat das wahrscheinlich jede und jeder von uns schon mal getan. Irgendwie gehört es mittlerweile dazu. Informationen sind im Übermaß vorhanden, und schneller geht's beim Googeln auch.

Vorab möchte ich klarstellen: Wenn du das ab und an machst, um zu schauen, welcher Tee bei Erkältungen besonders gut hilft oder welche Hausmitteltipps es für einen Sonnenbrand gibt, dann ist das auch nicht weiter problematisch, sondern kann im Gegenteil ein hilfreiches Tool sein.

Anders sieht das Ganze aber beim Krankheitssymptome-Googeln aus, und zwar vor allem dann, wenn bei dir bereits eine erhöhte Grundangst besteht.

Nehmen wir das Beispiel von oben. Schon bevor das Internet nach möglichen Selbstdiagnosen durchforstet wird, besteht bereits eine Grundangst vor möglichen schweren Krankheiten. Die Wahrnehmung dieser Person ist bereits auf bestimmte Eckdaten ausgerichtet.

Die Person wird nun vermutlich Wörter wie »verändertes Muttermal« oder »dunkles Muttermal« oder »Veränderungen Muttermal Krankheiten« in die Suchmaschine tippen. Und was für Ergebnisse werden wohl angezeigt?

Hier sind die Top-3-Ergebnisse dieser Suche:

1. gefährliche Muttermale erkennen
2. Hautkrebs rechtzeitig erkennen
3. wenn das Muttermal plötzlich mutiert

Bist du erstaunt, oder hast du dir so etwas bereits gedacht?

Wenn du nun die Person aus unserem Beispiel wärst, wärst du mit diesen Suchergebnissen zufrieden? Würden sie dich beruhigen, oder würde dein inneres Alarmsystem nun erst mal richtig Fahrt aufnehmen?

Aller Wahrscheinlichkeit wäre Letzteres der Fall, und so würdest du immer weiter und weitersuchen, immer detaillierter suchen und dich in der Flut von Artikeln irgendwann verlieren. Währenddessen wird dein Nervensystem immer aktiver, immer mehr aufgerüttelt, und es werden immer mehr Stresshormone ausgeschüttet.

Aus eigener Erfahrung kann ich dir sagen, dass das Googeln von Symptomen zur Sucht werden kann. Du suchst und findest doch nicht die 100-Prozent-Diagnose, einfach weil sie im Internet nicht zu finden ist.

Die Sorge vor einer möglichen schweren Krankheit lässt den rationalen Verstand völlig außen vor und verliert sich regelrecht. Ja, es kann so weit kommen, dass man den Alltag vernachlässigt, weil man völlig in einem Strudel aus Angst und vermeintlicher Beruhigung gefangen ist. Man beginnt, Statistiken durchzuarbeiten, Facharztberichte aufzurufen und Betroffenenberichte zu lesen.

Das ist der Moment, in dem man sich schon völlig mit der Erkrankung identifiziert, obwohl dazu gar kein Anlass besteht.

Die Folgen dieses exzessiven Suchens nach Antworten sind für den Betroffenen meist verheerend. Denn anstatt die erhoffte Beruhigung zu bekommen, wird die Angst weiter angestachelt und verschlimmert. Mittlerweile gibt es in der Psychologie sogar einen Begriff für dieses Verhalten. Es nennt sich Cyberchondrie.

Was kannst du aus diesem Wissen für dich mitnehmen?

Ganz klar:

GOOGLE DEINE SYMPTOME NICHT!

Du wirst am Ende niemals eine wirklich eindeutige Antwort, die mit deinen Symptomen übereinstimmt, bekommen. Jeder Mensch ist anders, jeder Mensch ist individuell, und so ist das auch mit Symptomen.

Eine Suchmaschine beruht auf Algorithmen, sie merkt sich deine Suchanfragen, das bedeutet, dir werden automatisch immer tiefergehende Informationen zu deinem Thema angezeigt, auch Beiträge, die ohne weitere medizinische Kenntnisse nicht richtig zu verstehen sind. Es kann dir also passieren, dass du Schlussfolgerungen ziehst, die schlicht falsch sind.

Auf einen Punkt möchte ich in diesem Zusammenhang ausdrücklich aufmerksam machen:

Nicht alle Quellen im Internet sind richtig und seriös!

Wir selbst können meist gar nicht nachvollziehen, wer diese Texte oder Beiträge zu einem bestimmten Thema verfasst hat. Wir haben in aller Regel auch nicht die fachliche Kompetenz, um Quellen auf ihre Richtigkeit zu überprüfen, und ohnehin – wer macht das schon?

Hierfür möchte ich dich aber sensibilisieren. Nicht jeder Artikel im Internet ist fachlich richtig, nicht hinter jeder Wissensseite steckt eine fachlich kompetente Organisation. Viele Information sind einfach falsch und schaden mehr, als dass sie den Betroffenen helfen.

Keine Information aus dem Internet ersetzt den Besuch beim Arzt oder Psychologen.

26

Das Morgentief – wenn nach dem Aufstehen schon nichts mehr geht

Am Abend zuvor war noch alles gut. Du fühltest dich leicht und womöglich sogar freier von Ängsten oder größeren Grübeleien als in vielen anderen Momenten. So kann es weitergehen, dachtest du noch, als du dich zum Schlafen ins Bett gelegt hast.

Doch am nächsten Morgen kommt das böse Erwachen, so wie fast jeden Morgen, tagein, tagaus. Die Ängste, Sorgen und Gedanken prasseln schon vor dem ersten Kaffee voll auf dich ein. Du fühlst dich schwer, zittrig und kraftlos. Am liebsten würdest du direkt wieder ins Bett gehen und dort irgendwie den Tag überstehen.

Du fragst dich: Wie kann das sein, wenn es mir am Abend doch so gut ging?

Dann sag ich dir als Antwort: Herzlich willkommen im Morgentief!

Übeltäter Cortisol:

Das Tief am Morgen beschreibt einen Zustand, in dem wir uns besonders ängstlich, niedergeschlagen, müde oder auch einfach gereizt fühlen. Schuld an diesem Phänomen können mehrere Faktoren sein. Oft ist das Tief mit einer psychischen Belastung verbunden. Dies kann eine Angsterkrankung, eine Depression, eine Zwangsstörung, ein Burn-out und vieles mehr sein, aber auch Schlafmangel, starker Stress oder hormonelle Schwankungen können schuld an diesem Zustand sein.

Wusstest du, dass das Hormon Cortisol dabei eine entscheidende Rolle spielt?

Cortisol ist ein sehr wichtiges Hormon in unserem Körper und spielt eine wichtige Rolle, um uns morgens aus dem Bett zu bekommen. Es trägt dazu bei, uns aufzuwecken und damit wir uns den Herausforderungen des Tages zu stellen.

Das Blöde ist nur, das Stresshormon Cortisol wird vor allem in den frühen Morgenstunden produziert. Wenn Menschen unter starkem Stress stehen, zu wenig Schlaf bekommen haben oder auch unter psychischen Problemen leiden, dann feuert das Cortisol vor sich hin, da es dem Körper in der Nacht nicht möglich war, genügend zu entspannen. Es entsteht quasi »eine Überdosis« davon, und das löst diese starken morgendlichen Probleme aus.

So, jetzt wissen wir, warum wir uns am Morgen so schlecht fühlen und können das Ganze rational einordnen. Es bleibt aber die Frage: Müssen wir diesen Zustand hinnehmen?

Nein, müssen wir nicht. Wir sollten ihn aber akzeptieren. Er ist nun mal da und vielleicht auch für eine bestimmte Zeit unser Begleiter. Trotzdem haben wir die Möglichkeit, es uns mit diesem Gast leichter zu machen, um den Tag gut zu meistern.

Fünf Ideen, wie du besser mit dem Morgentief umgehen kannst:

1. Steh direkt auf, bleib nicht liegen und gib dem Grübeln gar nicht erst eine Chance.
2. Lass Licht in dein Zimmer, öffne die Fenster und spür die frische Morgenluft.
3. Schalte das Radio an oder spiel deine Lieblingsmusik ab. Am besten tanzt du dazu beim Zähneputzen.
4. Tu dir am Morgen schon etwas Gutes. Nimm dir genug Zeit für eine leckere Tasse Tee oder einem Cappuccino.
5. Lass die Gedanken und Träume der Nacht hinter dir und verankere dich im Hier und Jetzt.

27

Karussell im Kopf – wenn das Grübeln nicht aufhört

Zu viel Grübeln und Nachdenken ist wie Karussell fahren, man ist beschäftigt und abgelenkt, aber man dreht sich dabei immer nur im Kreis und kommt kein Stück weiter.

Ich glaube, das Karussell im Kopf kennt beinahe jeder von uns. Auch Menschen, die nicht mit psychischen Problemen zu kämpfen haben, kennen dieses Unvermögen hin und wieder, gedanklich abzuschalten. Allerdings schaffen sie es viel leichter, aus dem Karussell auszusteigen, und können danach ganz normal ihren alltäglichen Aufgaben weiter nachgehen.

Bei Menschen mit psychischen Erkrankungen funktioniert das leider nicht mehr. Rationales Denken ist kaum mehr möglich, Nächte werden »durchgedacht«, und am Tag fühlt man sich kaum anwesend, müde und erschöpft. Eine unbeschreibliche innere Leere macht es vielen schwer und zieht sie immer weiter in das unaufhörliche Kreisen hinein.

Das Ganze ist für die Betroffenen sehr belastend und kräftezehrend. Dabei sind die Fragen, die man sich stellt, immer dieselben.

Lass uns gemeinsam einen kleinen Check machen.

Welche dieser Fragen hast du dir schon immer und immer wieder gestellt, und auf welche hast du keine befriedigende Antwort bekommen?

- Wieso hört das nicht auf?
- Was wäre, wenn ...?
- Was könnte alles passieren?
- Wie denken andere über mich?
- Was soll bloß aus mir werden?
- Was stimmt nicht mit mir?
- Warum immer ich?
- Wieso darf ich nicht glücklich sein?

Ich bin mir sicher, dir sind viele dieser Fragen nur zu vertraut, und du hast wahrscheinlich schon oft versucht, eine Lösung zu finden, aber richtig gelungen ist es dir bislang nicht. Daher fällt es dir auch so schwer, aus dem Grübel-Karussell auszusteigen.

Da wir aber diesen Zustand auf Dauer nicht gebrauchen können und unsere Kraft und Energie lieber für andere Dinge nutzen möchten, zeige ich dir nun Möglichkeiten, um aus dem Karussell auszusteigen.

1. Nimm die Haltung eines Beobachters ein, versuch Distanz zwischen dir und deinen Gedanken herzustellen.
2. Fälle kein Urteil über deine Gedanken; lass sie ziehen, ohne sie zu bewerten.
3. Bleib in der Gegenwart. Drifte nicht ab in vergangene Zeiten oder in mögliche zukünftige Ereignisse.

4. Geh trotz des Karussells in deinem Kopf deinem Alltag weiter nach. Erledige deine Aufgaben und verfolge weiterhin deine Ziele.
5. Setz dir eine feste »Grübel-Zeit«, wenn es dir schwerfällt, das Grübeln ganz zu unterlassen. In dieser Stunde ist das Grübeln erlaubt.

28

Dinge, die du dir in einer psychischen Krise bewusst machen solltest

Ich kann dir aus eigener Erfahrung sagen, eine psychische Krise trifft dich meist unerwartet. Manchmal bahnt sie sich an, wenn man sensibel ist und mögliche Anzeichen richtig deutet, aber meist kommt sie wie ein ungebetener Gast um die Ecke und haut dich voll aus den Socken.

Diese Lebensabschnitte verändern alles und prägen mitunter sogar dein ganzes weiteres Leben.

Oft vergessen wir innerhalb einer akuten Krise die Dinge, die zuvor für uns selbstverständlich waren. Dein Fokus liegt dabei fast ausschließlich nur noch in der Innensicht und verstärkt somit deine Symptome noch mehr.

Ich habe mir für diese besonderen und schwierigen Zeiten eine Liste erstellt. Diese Liste soll mir helfen, mich bewusst zu erinnern und mir wichtige Dinge vor Augen zu halten.

Meine Krisenliste

- Dieser Zustand bleibt nicht für immer!
- Ich bin nicht schuld!
- Ich kann diese Gefühle und Emotionen akzeptieren.
- Wenn ich akzeptiere, kann ich loslassen.
- Gefühle zu unterdrücken, löst meine Probleme nicht.
- Schlechte Tage dürfen sein, sie machen mein Leben dadurch nicht zu einem schlechten Leben.

- Ich bleibe im Hier und Jetzt und verstecke mich nicht in der Vergangenheit oder drifte ab in die Zukunft.
- Es geht immer weiter!
- Es gibt viele Dinge außerhalb meiner Kontrolle.
- Ein Rückfall ist normal und hilft mir, die Dinge neu zu ordnen.

Ich habe diese Liste auf meinem Handy gespeichert, und eine Version davon klebt zudem an meinem Kühlschrank. Manchmal ist es wichtig, sich diese Dinge kurz vor Augen zu halten, sich zu erinnern, wieder in die Realität zurückzukommen und einmal kurz Abstand von seinen Gedanken zu finden.

Wenn diese Sätze für dich womöglich nicht richtig passen, dann versuch, dir eine eigene Krisenliste zu erstellen. Mit Sätzen, die zu dir passen und die du in einer schwierigen Situation lesen oder hören musst. Wichtig ist nur, die Liste immer präsent zu haben, damit sie im Notfall schnell zum Einsatz kommen kann.

29

10 Lügen, die dir deine Angst erzählen kann

Unsere Angst ist meist ein schlechter Berater. Doch warum ist das so?

Wenn wir in unserem »Angstmodus« sind, schaltet sich unser rationales Denken aus und sagt: »Adieu!«

Ist man an diesem Punkt angekommen, schafft man es nicht mehr verlässlich, Situationen nüchtern zu betrachten.

Ab diesem Moment hast du, wenn man so will, deine Brille des Modells »Angst« aufgesetzt. Einen klaren Kopf zu bewahren sowie rationales und effektives Handeln sind nur noch schwer möglich, manchmal klappt es gar nicht mehr.

Wenn du schon in diesem Zustand warst oder dich vielleicht sogar in diesem Moment in seiner Nähe bewegst, dann weißt du sicherlich genau, wovon ich rede.

Die Angst hat nun ein leichtes Spiel mit dir und wird dich immer wieder mit neuen Horrorszenarien quälen wollen. Dein Inneres wird in Daueralarm versetzt, und ehe du dich versiehst, sitzt du in der Angstspirale fest.

Was aber viele nicht wissen: Eigentlich ist die Angst ein Langweiler. Sie tut zwar oft so, als wäre sie ein gefährlicher Tiger, aber eigentlich ist sie maximal so groß wie ein niedlicher Dackel. Die Angst möchte dir viele Dinge suggerieren, viele gefährliche Dinge, aber meist erzählt sie einfach in Dauerschleife immer dasselbe, alles nur Lügen, um sich größer und wichtiger zu machen, als sie eigentlich ist.

Ich möchte dir typische Lügen der Angst zeigen, alle schon tausendmal gehört, und doch erschrecken sie einen im ersten Moment wahrscheinlich immer wieder.

Schau mal, ob dir diese Sätze auch bekannt vorkommen, denn dann wirst du erkennen: Es ist immer dasselbe.

1. Achtung, es ist gefährlich!
2. Es wird nie wieder besser!
3. Du bist an allem schuld!
4. Du bist schwach!

5. Du wirst nie wieder glücklich sein!
6. Du hat kein Glück verdient im Leben!
7. Ziehe dich lieber zurück!
8. Du wirst für immer in diesem Zustand bleiben müssen!
9. Du hast Hilfe nicht verdient!
10. Schränke dich lieber stark ein und schütze dich vor Gefahren!

Ich könnte diese Lügen noch weiter fortsetzen, aber wir wollen der Angst und ihrem Quatsch ja nicht eine noch größere Bühne geben.

Wichtig ist, sich von diesen Sätzen nicht beeinflussen zu lassen. Wenn sie häufig bei dir aufploppen oder du die Angstbrille wieder fest auf der Nase sitzen hast, dann ist es Zeit, aktiv zu werden. Tritt mit deiner Angst in Kontakt, ja, geh sogar einen Schritt auf sie zu. Was meinst du, wie überrascht sie sein wird, wenn du näher kommst, anstatt wegzulaufen. Bleib dabei!

WERDE AKTIV: TIPPS, TRICKS UND TOOLS, DIE DIR WIRKLICH HELFEN KÖNNEN

30

Werde zum Beobachter deiner Gedanken

Gedanken sind nur Gedanken.

Kommt dir dieser Satz bekannt vor? Ich selbst habe ihn Dutzende Male gehört und gelesen. Trotzdem blieb das Problem, dass mir der Satz nicht bei der Überwindung meiner Probleme half.

In akuten, sehr schlechten Phasen war es für mich schwer bzw. unmöglich, einen Distanz zu meinen Gedanken zu bekommen.

Immer wieder wurde mir gesagt: »Anna, du bist nicht deine Gedanken!« Oder: »Deine Gedanken sind neutral – nur deine Bewertung macht sie für dich bedrohlich.«

In der Theorie verstand ich, was man mir damit sagen wollte, doch in der Umsetzung scheiterte ich viele Male. Mir waren die Zusammenhänge einfach zu abstrakt. Ich weiß nicht, wie es dir damit geht, aber ohne Beispiele und praktische Erklärungen bleibt bei mir meist nicht viel hängen.

Also kommen wir zum Wesentlichen.

1. Wieso sollen wir unsere Gedanken überhaupt beobachten?

Zunächst vorweg eine Klarstellung: Wir können unsere Gedanken nicht kontrollieren. Sie kommen und gehen, wie sie wollen. Darauf haben wir keinen Einfluss. Du kannst nicht nicht denken. Für so was ist unser Gehirn nicht gemacht. Wenn du also einen sorgevollen Gedanken in deinem Kopf feststecken hast, so etwas wie »Autofahren ist gefährlich, ich habe bestimmt einen Unfall und werde schwer verletzt«, dann wird es dir nicht gelingen, diesen Gedanken nicht zu denken, eher das Gegenteil wird passieren, und der Gedanke wird lauter und lauter. Daher ist es von Vorteil, seine Gedanken einfach zu beobachten und zu schauen, was wir da erzählt bekommen.

2. Wie schafft man das neutrale Beobachten von Gedanken?

Das erfordert Übung und Geduld. Leider geben viele nach ein oder zwei Versuchen auf, denn sie glauben, es funktioniert nicht. Dabei ist dies eine Methode, an der man arbeiten und die man regelrecht üben muss.

Es erfordert Dranbleiben und Hartnäckigsein.

Wenn du ein neutraler Beobachter deiner Gedanken werden willst, dann musst du dir bewusst machen, dass die meisten deiner sorgenvollen und/oder ängstlichen Gedanken nicht mit der aktuellen Realität übereinstimmen. Diese Ereignisse finden nur in deinem Kopf statt und sind das Ergebnis deiner Bewertung. Es ist für dich wichtig, eine gewisse Distanz zu diesen Gedanken herzustellen und dich nicht von ihnen mitreißen zu lassen. So kannst du sie objektiv betrachten, und du identifizierst dich nicht mehr so stark mit ihnen.

Was ich immer wieder als sehr hilfreich empfinde und was mir persönlich geholfen hat, meine Gedanken ziehen zu lassen, ist, ihnen mit Akzeptanz zu begegnen. Ihnen zu erlauben, da zu sein. Ich muss diese Gedanken nach wie vor nicht gut finden, aber ich kämpfe auch nicht gegen sie an. Ich bleibe ruhig und lass sie wie Wolken ziehen.

3. Eine praktische Übung

Wenn dir das Ganze bis jetzt noch zu theoretisch war, gibt es eine kleine Übung. Diese habe ich vor einiger Zeit selbst erstellt, und ich hoffe, sie erklärt dir noch etwas deutlicher das Prinzip des Beobachtens.

- Stell dir bitte vor, du hast ein Fernglas in der Hand und beobachtest aus dem Fenster mehrere fette, dunkle Staubwolken, in denen all deine Ängste, Gedanken, Gefühle usw. umherwirbeln. Statt in Panik wegen den Wolken zu geraten, gehst du einen Schritt zurück, setzt dich in deinen Sessel und beobachtest die Wolken vor deinem Fenster aus dieser distanzierten Perspektive heraus.
- Während du also gemütlich in deinem Sessel sitzt und mit dem Fernglas aus dem Fenster blickst, ziehen diese Wolken an dir vorbei. Sie kommen und gehen. Du lässt sie ziehen, bewertest sie nicht, sondern beobachtest sie mit deinem Fernglas.
- Du bleibst in dieser Beobachterposition und wartest einfach nur, bis alle Wolken vorbeigezogen sind. Du machst nichts, sondern bleibst ruhig und entspannt. Ja, vielleicht bist du sogar ein bisschen neugierig.
- Die Wolken werden vorbeiziehen, und du hast es geschafft, dich diesmal nicht von all den Ängsten und Gedanken einnehmen zu lassen. Du hast die Distanz gehalten und einfach nur abgewartet.

Du darfst stolz auf dich sein!

Wenn dir diese Übung gefällt und du sie für dich nutzen kannst, dann wende sie an. Am besten täglich. Je öfter du die Position der Beobachterin oder des Beobachters einnimmst, desto leichter wird es dir fallen, eine gesunde Distanz zwischen dir und deinen Gedanken herzustellen.

31

Leben im Hier und Jetzt

Ich kann aus eigener Erfahrung sprechen: In einer psychischen Krise oder Akutsituation ist unser Kopf überall, aber ganz sicher nicht im Hier und Jetzt.

Wir Betroffenen verbringen viel Zeit in längst vergangenen Situationen oder malen uns bereits die nächste Katastrophe in der Zukunft aus.

Wir sind also mit unserer Aufmerksamkeit nicht da, wo wir aktuell sein sollten. Viele kennen sicherlich das Gefühl, in den eigenen Gedanken gefangen zu sein. Es ist ein Kraftakt, sich daraus zu lösen und in die Realität zurückzukehren.

Zwei Sätze möchte ich dir an dieser Stelle mit auf den Weg geben, die du dir am besten an den Kühlschrank pinnst, damit du sie dir immer wieder ins Gedächtnis rufen kannst:

1. *Vergangenheit und Zukunft liegen außerhalb meiner Kontrolle!*

2. Das Hier und Jetzt kann ich beeinflussen!

Dass das keineswegs leicht ist, weiß ich aus eigener Erfahrung. Man driftet immer wieder in alte Situationen ab, versucht immer wieder, die mögliche Katastrophe in der Zukunft zu verhindern. Aber weißt du was? Das ist alles nicht zielführend. Das bringt uns absolut nicht weiter und hilft schlicht gar nicht.

Es ist nicht leicht, sich aus diesen Mustern zu lösen, und braucht viel Geduld und Übung.

Ich habe innerhalb meiner Therapie ein paar Skills für mich entdeckt, die mir helfen, wenn ich mal wieder in die Vergangenheit oder Zukunft abtauche.

Hilfreiche Übungen, um ins Hier und Jetzt zurückzukehren:

- Atemübungen
- Sinne einsetzen (Was höre ich gerade, was sehe ich, was rieche ich?)
- Achtsamkeit praktizieren
- Bewegung, runter vom Sofa oder aus dem Bett und raus in die Natur
- Selbstreflexion (Journal/Notizen etc.)
- Yoga, Mediationen
- Stress, so gut es geht, reduzieren
- Tanzen und/oder Singen

Du musst dir immer vor Augen halten: Dein Leben findet jetzt statt, nicht in der Vergangenheit! Und in der Zukunft bist du auch noch nicht. Du lebst jetzt!

Das Hier und Jetzt kann dir helfen, dass du wieder anfängst, die Dinge bewusst zu erleben und zu genießen. Deine Konzentration wird um ein Vielfaches besser werden, da du nun volle Kapazität für das Aktuelle hast. Ebenso werden mit der Zeit auch deine Angstgedanken und negativen Gefühle leiser werden, weil du sie nicht mehr mit der Vergangenheit oder Gedanken an die Zukunft fütterst.

Wie du siehst, ist das Hier und Jetzt eine superwichtige Ressource, die es zu nutzen gilt.

Probier es bei der nächsten Gelegenheit aus und schau, was passiert, wenn du – anstatt den nächsten Katastrophen-Blockbuster in deinen Gedanken zu drehen – einfach mal nichts tust und dich nur zurücklehnst und atmest.

32

Humor, eine wichtige Zutat

Lass uns ehrlich sein ... psychische Erkrankungen sind einfach kacke. Sie machen einem das Leben schwer und sind eine elende Last, die das sonst ja auch nicht immer leichte Leben beschwert.

Als ich vor 15 Jahren meine erste offizielle Diagnose bekam, war mir schnell klar: Ich werde mich damit nicht verstecken. Ich werde nicht so tun, als wäre alles in Ordnung, wenn es doch in Wirklichkeit gar nicht der Fall ist.

Eine andere Sache war mir aber ebenfalls sehr wichtig, und das war mein Humor.

Wohlgemerkt ist es nicht die psychische Erkrankung, die ich in irgendeiner Form witzig finde. Oh nein, keinesfalls. Die Erkrankung, die in meinem Fall sogar als chronisch diagnostiziert ist, gibt an sich keinen Anlass zur Heiterkeit, aber ich habe für mich beschlossen, dass es mir besser damit geht, wenn ich dem ganzen Kack ein bisschen mehr Leichtigkeit gebe.

Denn mal ehrlich, auf Dauer schlecht drauf zu sein, ist einfach unfassbar anstrengend und macht es nicht besser.

Warum der Humor für mich so wichtig ist? Dafür habe ich Gründe zusammengestellt, und vielleicht helfen dir meine Gründe ja ebenfalls, um etwas die Schwere aus der Situation zu nehmen.

Grund 1

Für mich bedeutet Humor einen Perspektivwechsel, vielmehr auch einen neuen Blickwinkel auf meine Erkrankung. Der Humor hilft mir, nicht nur in eine Richtung zu schauen, sondern durchaus mal den Kopf zu drehen und die andere Seite zu betrachten.

Grund 2

Humor lenkt ab. Er entkrampft die Situation und gibt ein wenig Leichtigkeit. Der Blickwinkel wird dadurch ein wenig optimistischer, und der Kopf kann eine kurze Pause vom ständigen Gedankenkarussell machen.

Grund 3

Humor reduziert Stress. Die Ausschüttung von Stresshormonen wie Cortisol wird verringert. Cortisol ist das Hormon,

Raum zum Wachsen haben. Sie ist vielmehr ein Prozess als ein sofort verfügbares Skill.

Daher möchte ich dir auf deinem Weg hin zur Akzeptanz noch ein paar Worte mit auf den Weg geben:

- Akzeptanz ist ein Prozess.
- Akzeptanz erfordert Mut.
- Akzeptanz braucht Zeit.
- Akzeptanz bedeutet nicht Vergessen.

34

Skills, deine Soforthilfe

Du hast bestimmt das Wort Skills schon gehört. Gerade in der psychotherapeutischen Arbeit wird dieser Begriff häufig verwendet.

Da Skills für die Genesung wirklich hilfreich sein können, ist es sicher lohnenswert, dass wir mal gemeinsam schauen, was Skills genau sind und wofür du sie nutzen kannst.

Wenn wir über den Begriff Skills stolpern, dann muss das nicht zwangsläufig etwas mit der Psychologie zu tun haben, denn erst mal werden als Skills Fähigkeiten und Kompetenzen jeglichen Gebietes bezeichnet. Als Beispiel können wir uns hier den IT-Fachmann vorstellen, der besondere Skills im Programmieren entwickelt hat, oder den Reifenmonteur, der eine spezielle Technik entwickelt hat, einen Reifen superschnell zu wechseln.

All das können Skills sein. Sie zu erlernen, funktioniert allerdings nicht von heute auf morgen. Wir können es uns eher wie einen Prozess vorstellen, der vor allem durch regelmäßige Wiederholung und Ausdauer gekennzeichnet ist.

Skills zu erlernen, hat viele Vorteile. Sie sind meist sofort abrufbar bzw. verfügbar und bedürfen in der Regel keiner langen Vorbereitung.

Viele psychisch Erkrankte leiden unter extremem Stress, Anspannungszuständen, Ängsten oder auch Selbstverletzungsdruck. In all diesen Situationen können wir Skills zur Regulierung nutzen. Wir können sie nutzen, um unsere mentale Gesundheit zu stärken, und auch durch sie lernen, wie wir besser mit herausfordernden Situationen umgehen.

Darüber hinaus können psychologische Skills helfen, unsere Selbstwahrnehmung zu verbessern, unser Selbstvertrauen zu stärken und unseren Alltag besser zu bewältigen.

Doch ein Skill ist nicht für jeden Menschen gleich sinnvoll. Für sich die passenden Skills zu finden, kann unter Umständen eine gewisse Zeit in Anspruch nehmen. Aber das ist andererseits das Schöne an Skills. Es gibt eine wahnsinnige Auswahl an unterschiedlichen Übungen und Anwendungen. Wenn eine Sache für dich nicht passt, kannst du dich weiter ausprobieren.

Vielleicht hast du mal von einer Freundin oder einem Freund gehört, dass ihr oder ihm das Riechen verschiedener Aromen enorm hilft, um wieder herunterzukommen, und warst dann enttäuscht, als es für dich so gar keine Wirkung hatte. Das ist normal, nur weil ein Skill bei jemand anderem hilft, heißt das nicht, dass es bei dir ebenfalls der Fall sein muss.

Hier kann ich dir nur raten: Probier es aus. Frag deine Therapeutin oder deinen Therapeuten oder nutz bei diesem Thema auch ruhig Google, um das Internet zu durchleuchten. Mittlerweile gibt es sogar spezielle Shops im Internet, die auf Skills spezialisiert sind und alles Mögliche anbieten.

Um dir einen Einblick in die Welt der Skills zu gewähren, habe ich eine Liste angefertigt. Vielleicht ist auch für dich die ein oder andere Anregung dabei:

- Fingerringe
- Igelbälle
- Knete
- Aromen
- Fidgets
- Kopfhörer
- kaltes Wasser
- Affirmationskarten
- Atemübungen
- scharfe Bonbons
- saure Brause
- Gummibänder
- Kreuzworträtsel lösen
- Tagebuch schreiben
- Audioaufnahmen mit bestimmten Sätzen
- Puzzle
- Gewichtsdecken
- Kuscheltiere
- Malen/Ausmalbücher
- Wärmecreme

35

Das 1x1 der Selbsthilfe

Die Frage, ob ich mir selbst in akuten Krisen zu helfen in der Lage bin, habe ich schon oft innerhalb meiner Community gestellt bekommen – und immer wieder beantworte ich diese Frage mit Ja!

Das kannst du ebenso!

Es ist sogar von großer Wichtigkeit, Dinge zu erlernen oder zu wissen, damit man sie in einer akuten Situation parat hat und abrufen kann. Denn wenn wir ehrlich sind, mögen viele von uns zu einer Psychotherapie gehen oder haben in der Vergangenheit psychiatrische Hilfe in Anspruch genommen, aber die meiste Zeit sind wir mit unserer Krise oder Erkrankung auf uns allein gestellt.

Und genau aus diesem Grund ist es so wichtig, ein gewisses Potpourri an Tricks und Tools zur Selbsthilfe parat zu haben.

Dieses 1x1 habe ich mir vor einigen Jahren selbst zusammengestellt. Hierbei geht es vor allem um die Selbsthilfe bei akuten Ängsten und Panik.

Natürlich gilt auch hier: Jede und jeder von uns ist ganz individuell, und nicht allen hilft dieselbe Sache, derselbe Kniff gleich gut, aber ich kann dir versprechen: Hast du einmal das Richtige für dich gefunden, dann hast du eine super Basis geschaffen, um dich in Zukunft schneller selbst zu regulieren und auf Dauer gelassener mit aufkommender Angst oder Panik umzugehen.

Ich bediene mich bei diesem 1x1 an unseren Sinnen. Nachfolgend zeige ich dir in den Bereichen Sehen, Berühren, Hören, Riechen und Schmecken Dinge, die dich sowohl beruhigen als auch erden können. Die dich wieder ins Hier und Jetzt zurückkehren lassen und dein Nervensystem herunterfahren.

Sehen:

- gedimmtes bzw. dimmbares Licht
- malen
- Fotos anschauen
- Lieblingsserie oder Film anschauen
- beruhigende Farblampen
- lesen

Berühren:

- Haustier oder Kuscheltier streicheln
- Gewichtsdecken
- Massageringe
- Knete
- Igelbälle
- kalte Dusche

Hören:

- Naturgeräusche
- weißes Rauschen (eine Geräuschkulisse, die als beruhigend gilt und für die Klangtherapie genutzt wird)
- Musik
- Podcast
- Hörspiel
- Klangmeditation

Riechen:

- Duftkerzen
- Aromen
- Duftlampe
- frische Luft
- Gewürze

Schmecken:

- scharfe Bonbons
- saure Bonbons
- Kaugummi kauen
- Brause im Mund zergehen lassen
- frische, kräftige Kräuter

Natürlich musst du dich hier ausprobieren. Wie schon gesagt, ist das, was hilft, von Person zu Person ganz individuell. Du hast hier die Möglichkeit, zu entdecken, was dir akut hilft, und kannst es für die Zukunft aktiv nutzen.

36

Möglichkeiten, im Alltag besser mit deinen Ängsten umzugehen

Ich glaube, jeder Mensch, der bereits eine psychische Krise, eine depressive Episode oder einfach allgemein psychische Probleme hatte, weiß, wie schwierig es ist, im Alltag noch zu funktionieren. Nicht umsonst heißt es oft in Definitionen von psychischen Erkrankungen, die Lebensqualität sei stark eingeschränkt und der Alltag nur noch schwer oder gar nicht mehr zu bewältigen.

Von mir selbst kann ich sagen, dass es für mich die größte Herausforderung und auch der größte Kraftakt ist. Als Mutter von drei Kindern ist mein Alltag natürlich sehr an ihnen und ihren Bedürfnissen orientiert. In meiner letzten schweren Krise 2022 musste ich mir eingestehen, dass mein Alltag in meiner Verfassung nicht mehr machbar war. Diese Erkenntnis war sehr hart für mich. Die Angst, versagt zu haben, kam immer wieder hoch, und ich fühlte mich einfach nur schlecht. Zweifel und Ängste, ob ich überhaupt noch eine gute Mutter für meine Kinder sein kann, schlichen sich regelmäßig in meine Gedanken.

Daher kann ich es auch so gut verstehen, wenn du gerade vielleicht keine Kraft mehr hast und du dir morgens beim Aufstehen schon wünschst, dass es wieder abends ist.

Und doch ist es unabdingbar, nicht den Kopf in den Sand zu stecken. Ich weiß, wie anstrengend ein Tag sein kann und dass sich 24 Stunden anfühlen können wie 100, aber es gibt auch Möglichkeiten, die dir helfen können, deinen Alltag besser zu gestalten, und dir die Angst vor dem nächsten Tag nehmen.

Also, was kann helfen, den Alltag besser zu bewältigen?

1. Routinen: Strukturier deinen Tag. Am besten schreib dir sogar auf, wann du was machen willst oder welche Dinge anstehen. So kannst du dich an diesem Plan entlanghangeln. Egal, welche simplen Dinge es sein mögen, diese Struktur kann dir das Gefühl von Kontrolle geben.

2. Setz dir Prioritäten: Was muss wirklich gemacht werden und was kann noch ein paar Tage warten?
3. Tanz und sing: Ja, genau, lass deine Gefühle durch Musik sprechen, sing, beweg dich am besten dabei und lass einmal alles raus.
4. Bau Entspannung ein: Nimm dir zwischendurch immer ein paar Minuten für dich selbst. Egal, ob nur eine kleine Atemübung ausreicht oder du eine Traumreise machen möchtest. Mach das, was du gerade brauchst.
5. Weiche nicht zurück: Deine Gefühle wollen gefühlt werden, also versuch nicht, sie zu verdrängen oder zu neutralisieren. Wurden sie erst einmal gefühlt, können sie viel leichter weiterziehen.
6. Such Unterstützung: Manchmal geht es einfach nicht allein, und das ist völlig okay. Binde Familie und Freunde mit ein und nimm Hilfe an.

Mein persönlicher Tipp: Mach es dir so einfach wie möglich. Du musst kein schlechtes Gewissen haben, wenn die Wohnung nicht aussieht wie aus einer Instagram-Hochglanz-Story oder deine Kinder vielleicht heute doch mal eine Dosensuppe bekommen haben. Wir leben in einer Gesellschaft, die von uns erwartet, durchweg zu funktionieren, aber das klappt nicht immer und nicht bei jedem Menschen, und das ist okay. Verurteile dich dafür nicht. Deine Gesundheit und deine Stabilität sind das, was für dich zählt, und nicht etwa die Meinungen anderer Leute.

37

Warum Atmen so beruhigend sein kann

Inmitten einer starken Angst oder einer Stresssituation, in der die Anspannung und das erdrückende Gefühl uns fast verrückt werden lässt, vergessen wir oft, dass wir ein hocheffektives Tool immer bei uns tragen: unsere Atmung!

Atmen ist für uns so selbstverständlich und passiert völlig automatisch, dass wir im ersten Moment überhaupt nicht darauf kommen, dass unser Atem uns Ruhe und Entspannung schenken kann.

Unsere Atmung kann eine absolute Schlüsselrolle spielen, vor allem wenn es darum geht, zur Ruhe zu kommen und eine innere Balance wiederzufinden.

Bevor wir nun in die Funktionen und Techniken einsteigen, eines noch vorweg: Auch bei der Atmung gilt, probier dich aus! Nicht für jede und jeden ist jede Methode geeignet, vor allem aber braucht es Übung und Ausdauer. Die Techniken müssen meist über eine längere Zeit immer wieder eingeübt werden, um effektiv zu funktionieren.

Es gilt also: Gib dir die Zeit!

Die Funktion einer regulierten Atmung auf unser Nervensystem

Eine ruhige, tiefe und entspannte Atmung hat großen Einfluss auf unser Nervensystem. Denn wenn wir ruhig atmen, senden wir unserem Körper das Signal »Alles im grünen Bereich«!

Unser Nervensystem kann dieses »Go« nutzen und uns wieder von Anspannung, Stress und Angst herunterfahren.

Eine ruhige Atmung bietet noch weitere sehr hilfreiche Funktionen:

- Unsere Konzentration steigt wieder.
- Unsere Herzfrequenz reguliert sich.
- Es findet eine Angstreduktion statt.
- Unsere Stimmung wird wieder besser.
- Wir können uns leichter entspannen.
- Unser Gehirn bekommt das Signal »Keine Gefahr«.
- Unsere Muskeln können sich wieder lockern.
- Der Schlaf wird wieder tiefer und erholsamer.

Verschiedene Atemtechniken kurz vorgestellt

Wenn du dich näher mit der Atmung beschäftigst, wird dir auffallen, dass es Tausende von Übungen, Techniken und Meinungen gibt. Aus diesem Angebot das Richtige für dich zu filtern, ist gar nicht einfach und mag sich wie eine Überforderung anfühlen. Ich stelle dir hier kurz drei Techniken vor. Warum diese? Weil es die sind, die ich selbst nutze und somit davon überzeugt bin, dass sie wirklich helfen und unterstützen können.

1. Die tiefe Bauchatmung
   - Setz oder leg dich in eine für dich bequeme Position.
   - Leg eine Hand auf den Bauch und die andere Hand auf deine Brust.
   - Schließ deine Augen und atme tief und langsam durch die Nase ein.

- Konzentrier dich darauf, wie sich deine Hand auf dem Bauch langsam hebt, deine Hand auf der Brust sollte sich dabei nur ein wenig heben.
- Atme dann langsam wieder aus, während du dich weiter auf die Hand an deinem Bauch konzentrierst.
- Wiederhole dies einige Minuten und entspanne dich dabei vollends.

2. Bauchrippen- Atmung
   - Setz oder leg dich hin, in eine für die bequeme Position.
   - Leg eine Hand auf den Bauch und die andere Hand auf die Brust.
   - Atme tief durch die Nase ein, sodass sich dein Bauch ausdehnt.
   - Lass nun den Atem in deine seitlichen Rippen fließen, spür, wie auch sie sich ausdehnen.
   - Atme nun weiter zur Brust und bemerke, wie sich auch dein Brustkorb leicht hebt.
   - Atme nun langsam und vollständig durch den Mund aus. Lass die Luft überall entweichen.
   - Wiederhole diese Übung einige Minuten und versuch, dabei eine ruhige und gleichmäßige Atmung zu entwickeln.

3. Atmen nach der 4-7-8 Methode
   - Setz oder leg dich hin, in eine für dich bequeme Position.
   - Atme nun tief und ruhig durch die Nase ein und zähl dabei bis vier.
   - Halte nun den Atem für 7 Sekunden an. Setz deinen Fokus dabei ganz auf die Luft in deinem Körper.
   - Atme nun langsam und vollständig aus und zähl dabei

bis acht. Lass die Luft ruhig und gleichmäßig entweichen.
- Wiederhole diese Übung für einige Minuten, um dabei voll zur Ruhe zu kommen.

Noch ein kleiner, persönlicher Tipp von mir: Wenn dir diese Übungen in deiner aktuellen Situation zu viel sind, dann mach einfach nichts anderes, als tief durch die Nase einzuatmen, kurz zu halten und ruhig und langsam durch den Mund vollends auszuatmen. Mehr braucht es manchmal gar nicht.

38

10 Dinge, die dir in einer psychischen Krise guttun

Wenn sich der Körper im Alarmmodus befindet, verliert man schnell das Gespür für sich selbst. Vielleicht hast du das an dir selbst schon feststellen können? Es kann etwas vermeintlich Banales sein, etwa sich nicht mehr regelmäßig die nötige Ruhe zu gönnen oder seine eigenen Grenzen nicht in erforderlichem Maß und schnell genug zu setzen. Dinge, die dir zuvor vielleicht sehr wichtig waren, verlieren nach und nach immer mehr an Bedeutung. Der Krisenmodus übernimmt, und das eigene Selbst rückt immer weiter in den Hintergrund.

Auch in schweren Zeiten, und dies müssen nicht immer psychische Krisen sein, ist es wichtig, hinzuhören. Zu hören, was die eigene Seele braucht, was ihr jetzt gerade guttun würde. Wenn du hinschaust, was gebraucht wird, dann kannst du selbst dafür sorgen, dass deine Seele wieder in Stabilität kommt.

Mit diesen zehn Dingen kannst auch du wieder Stabilität für deine Seele schaffen:

1. Fang wieder an, Grenzen zu setzen.
2. Gehe fürsorglich mit dir selbst um.
3. Bleib im Hier und Jetzt, denk nicht an die Vergangenheit und grüble nicht über die Zukunft.
4. Sei achtsam mit dir.
5. Sei dir selbst eine gute Freundin oder ein guter Freund.
6. Nimm Hilfen an, gemeinsam geht vieles einfacher.
7. Hab Vertrauen in dich und deine Stärken, du bist stärker, als du es gerade von dir denkst!
8. Praktiziere Akzeptanz. Manches lässt sich nicht ändern, es wird leichter, wenn du loslässt.
9. Setz dich selbst an erste Stelle, du bist gerade wichtig!
10. Steh für dich und deine Bedürfnisse ein.

Und auch hier sei gesagt: Es muss nicht immer alles zu 100 Prozent klappen. Such dir Dinge aus, die sich für dich stimmig anhören, mit denen du arbeiten kannst und mit denen du deiner Seele etwas Gutes tun kannst.

39

Dein Notfallkoffer

Viele von uns kennen das Problem: Man möchte in den Urlaub fahren, packt zu Hause seinen Koffer und hofft, dass man nichts Wichtiges vergessen hat. Im Schrank herrscht mal wieder Chaos, und auch die Zeit sitzt einem im Nacken. Am Urlaubsort angekommen kommt oft die Ernüchterung, die Badeschuhe sind nicht dabei, man hat statt der luftigen T-Shirts den Stapel mit den Langarmshirts erwischt, die Socken reichen nicht, und zu allem Überfluss steht die Sonnencreme tatsächlich noch im Flur an der Garderobe. Spätestens jetzt beschließt du, nächstes Mal brauchst du eine Liste, damit du nicht erneut den Überblick verlierst und das Wichtigste dann wirklich dabeihast.

Was für den Urlaub funktioniert, gelingt auch mit deinen persönlichen Skills und Tricks.

Stell dir deine bereits erlernten Skills vor, als wäre es der Inhalt deines eigenen Kleiderschranks. Es ist eine große Auswahl an verschiedenen Gegenständen, Techniken und Methoden. Du stehst vor ihm, und eventuell fühlst du dich überfordert von der ganzen Auswahl. Also macht es Sinn, für den Ernstfall eine kleine, aber gute, effektive Auswahl zu treffen.

Neben dir steht also dein Notfallkoffer (vielleicht kannst du dir tatsächlich eine kleine Box zulegen, in dieser du deine materiellen Skills hineinlegst). Der Koffer ist noch leer und es ist durchaus denkbar, dass du ihn gerade nicht brauchst, aber du weißt, wahrscheinlich wirst du ihn irgendwann wieder öffnen müssen, weil es dir dann nicht so gut geht oder du dir eine wichtige Übung, Affirmation oder Beruhigungsmaßnahme, was auch immer, ins Gedächtnis rufen möchtest.

Mit dem Koffer legst du dir eine Art Versicherung zu. Hier werden alle deine WICHTIGTEN Skills (also die, die sich als wirklich nützlich für dich erwiesen haben) abgelegt und archiviert.

Denn es ist nun mal so: Wir erlernen im Laufe von Therapien, Selbsthilfeerfahrungen, der Lektüre von Selbsthilfebüchern, Social Media etc. eine Fülle von Tipps und Tricks im Umgang mit psychischen Problemen. Zu Beginn wendet man diese immer und immer wieder an und bindet sie in den Alltag ein. Sobald es einem aber besser geht (und auch das ist normal), lässt man viele dieser Maßnahmen schleifen. Die erlernten Dinge geraten in Vergessenheit.

Das ist kein Problem, solange du weißt, wo du suchen musst, falls du mal wieder eine Krise durchlebst oder Probleme dich zu überrollen drohen.

Du hast zwar noch deinen Kleiderschrank, auf den du direkt blickst, aber wie das so mit Kleiderschränken ist, die können ganz schön chaotisch aussehen, und am Ende findest du deine wichtigsten Ausstattungsstücke nicht wieder. Genauso wie im obigen Beispiel. Dein Notfallkoffer aber, der ist sortiert, hier drin ist alles, was du brauchst, deine Top 10, auf dich maßgeschneidert.

Also fangen wir an. Was muss alles in deinen Notfallkoffer?

In erster Linie gehören in deinen Koffer Skills, die dir bereits in der Vergangenheit geholfen haben. Wie oben beschrieben, kann das alles Mögliche sein. Dem einem hilft es, sich kaltes Wasser über die Arme laufen zu lassen, und dem anderen tut es gut, sich beim Sport ordentlich auszupowern. Ganz egal, was es ist, wichtig ist, dass es dir hilft.

Aber nicht nur Skills sind wichtig. In einer emotionalen Ausnahmesituation kann man selbst die einfachsten Dinge vergessen, deshalb rate ich jeder und jedem, einen kleinen Zettel mit in den Koffer zu legen. Hierauf solltest du ein paar wichtige Nummern notieren:

1. Telefonnummern von Freunden und Familie, die du im Notfall anrufen kannst
2. die Telefonnummer deines Facharztes oder Hausarztes (je nachdem, wo du in Behandlung bist)
3. falls vorhanden, die Nummer deines Psychotherapeuten
4. Nummern von Kliniken, der Telefonseelsorge oder anderer sozialer Dienste

Wie bereits erwähnt, wird dein Koffer wahrscheinlich aus materiellen Dingen und imaginären Übungen und Worten bestehen. Sinnvoll wäre es, nicht nur die Notfallnummern zu notieren, sondern auch die imaginären Dinge zu verschriftlichen und in den Koffer zu legen. Wenn dir Affirmationen gut helfen, dann schreib sie auf und leg diese direkt in deinen Koffer. So hast du im Notfall deine besten Hilfen sofort zur Hand. Vielleicht kannst du dazu auch ein eigenes Notizbuch nutzen, welches immer in deinem Koffer bereitliegt. Dieses kannst du dann ganz nach Belieben vervollständigen und erweitern.

Ich habe für dich eine Notfallkofferliste erstellt. Sie kann dir als Beispiel dienen, was alles in deinem Koffer Platz finden kann. Diese Liste mit ausgewählten Packstücken kannst du natürlich ganz nach deinen Wünschen und Bedürfnissen gestalten.

So hast du das Wichtigste immer direkt zur Hand und weißt, wo du es im Notfall finden kannst:

- Tanzen
- Gedankentagebuch
- kaltes Wasser
- Singen
- Kopfhörer
- frische Luft
- Spaziergang
- Sport (Laufen oder Boxen)
- Igelball
- Atemübungen

40

Selbstreflexion: Eine wichtige Hilfe

In der Hektik des Alltags vergessen wir oft, uns selbst genug Zeit zu widmen. Das Nachdenken über sich selbst und die eigenen Handlungen, Entscheidungen, Gefühle und Gedanken nennt man Selbstreflexion. Sie kann ein wichtiges Tool sein, um sich selbst besser kennenzulernen, sich weiterzuentwickeln und dabei bewusste Entscheidungen zu treffen.

Im Hinblick darauf gibt es verschiedene Möglichkeiten, wie ich mit mir selbst in Kontakt treten und meine eigene Selbstreflexion fördern kann:.

1. Journal oder Tagebuch schreiben
2. Achtsamkeitsübungen oder Meditationen
3. Selbstbeobachtung
4. spezielle Übungen wie Dankbarkeitslisten, Affirmationskarten oder Lebensräder
5. Visionboard

Vielleicht ist ein Visionboard noch etwas ganz Neues für dich. Da es sehr hilfreich sein kann, möchte ich es dir kurz erläutern.

Du kannst es dir wie dein eigenes kleines Kunstwerk vorstellen, auf dem du deine Ziele, Vorstellungen und Wünsche für die Zukunft festhältst. Alles, was du dafür brauchst, ist ein großes leeres Blatt Papier oder ein Plakat, Stifte, Bilder aus Magazinen, Zeitungen, selbst Ausgedrucktes etc. – im Prinzip sind deiner Kreativität keine Grenzen gesetzt. Mit dem selbst gewählten Material kreierst du deine Zukunft nach deinen Vorstellungen auf deinem Poster. Hilfreich hierbei kann es sein, dir Fragen zu stellen, etwa: Wo sehe ich mich in den nächsten Jahren? Was will ich für mich erreichen?

Du visualisierst mit deinem Poster also deine Zukunft, hältst sie dadurch sichtbar fest.

Das fertige Kunstwerk stellst du an einen Platz, an dem du es im Alltag vor Augen hast, sodass es dir als Motivation dient, dir hilft, Kurs zu halten, und du dich immer an deine Zukunftspläne erinnern kannst.

Wichtig bei der Selbstreflexion ist vor allem, sich selbst einem kleinen Check-up zu unterziehen.

Hierzu kann man sich verschiedener Fragen bedienen, die helfen können, über sich nachzudenken.

Meine Lieblingsfragen möchte ich natürlich gerne mit dir teilen:

a. Wo setze ich in meinem Leben meine Prioritäten?
b. Was sind meine Werte?
c. Welche Fortschritte habe ich bereits gemacht?
d. Was sind meine Träume?
e. Was möchte ich innerhalb meines Lebens noch verändern?
f. Was sind meine nächsten Ziele?
g. Wo sehe ich mich selbst in 5 Jahren?

Wie du diese Fragen für dich beantwortest, ob schriftlich oder in Gedanken, ist dir völlig freigestellt. Wichtig ist nur, dass du dir ab und zu erlaubst, dir selbst Zeit zu schenken. Auch in Krisensituationen macht dieses Tool Sinn, denn es erlaubt dir, zu erkennen, was du bereits alles gemeistert hast und was du noch erreichen möchtest. Egal, wie weit du dabei auf deiner Reise gekommen bist. Du kannst dabei ganz kreativ und frei sein.

41

Ziele setzen – bitte in Häppchen

Sich innerhalb der Genesung Ziele zu setzen, ist wichtig, denn zielorientiertes Handeln bedeutet weiterzukommen.

Wenn wir Ziele haben, die wir erreichen möchten, dann haben wir einen Grund, weiterzumachen. Wir richten unsere Perspektive nach vorne und fokussieren uns dabei auf den Wunsch, voranzukommen. Vor allem der Wunsch nach einem gesunden Umgang mit mentalen Problemen kann ein Ziel sein, welches sich zu erreichen lohnt.

Vielleicht bist du auch gerade an einem Punkt, an dem du dich fragst, auf welche Weise du dir überhaupt Ziele setzt. Was willst du erreichen? Und wie sieht dieser Weg für dich aus?

Hier möchte ich dir direkt einen Tipp geben: Setz dir realistische Ziele. Sei ehrlich mit dir und frag dich, was aktuell möglich ist, was du wirklich schaffen kannst. Es erweist sich häufig als ausgesprochen hilfreich, sich ein großes Ziel – zum Beispiel: Ich möchte mental wieder stabil werden – in kleinere Etappen aufzuteilen. Das hat den Vorteil, dass du dir damit eine überschaubare Herangehensweise ermöglichst, anstatt den Wald vor lauter Bäumen nicht mehr zu sehen oder dich zu verfransen oder zu frustrieren, indem du dich überforderst und dann womöglich glaubst, aufgeben zu müssen.

Dir wird es leichter fallen, die bescheidener gesetzten Ziele zu erreichen, Schritt für Schritt. So erkennst du die Fortschritte, die du machst, und zeigst dir gleichzeitig selbst, dass du den Herausforderungen gewachsen bist. Das kann ein unglaublich guter Motivationsschub sein, der dich im Weitermachen bestärken wird.

Wir fassen also kurz zusammen:

Regeln fürs Setzen der Ziele

1. Realistische Ziele setzen.
2. Strecke zum Ziel in kleinere Etappen bzw. Zwischenziele aufteilen.
3. Fokus auf den Prozess als Ganzes setzen.

Ziele können sehr unterschiedlich sein. Sie sind ebenso individuell wie die Menschen.

Auch hier habe ich innerhalb meiner Instagram-Community nachgefragt, welche Ziele sich psychisch erkrankte Personen stecken. Diese Ergebnisse möchte ich dir vorstellen, ich bin mir sicher, du wirst dich dort wiederfinden.

10 Ziele von Betroffenen:

1. Einen Arzttermin machen und hingehen.
2. Mehr Routinen in den Alltag integrieren.
3. Allein zu Hause bleiben können.
4. Wieder einmal in den Urlaub fahren können.
5. Meine Therapie abschließen und gesund bleiben.
6. Mich mehr zu entspannen und Pausen machen.
7. Mein Leben neu sortieren

8. Wieder Auto fahren können und allein einkaufen gehen
9. Das Haus verlassen können
10. Mich mehr auf mein Bauchgefühl verlassen können, weniger überprüfen

Ziele können sehr unterschiedlich ausfallen, und vor allem können sich Ziele auch innerhalb eines Prozesses ändern. Ein Ziel zu erreichen ist ein dynamischer Prozess, und manchmal verändern sich innerhalb dieser Zeit Lebensumstände oder es kommen andere Einflüsse hinzu. Dementsprechend können sich auch deine Ziele verändern. Das ist vollkommen okay und darf so sein. Auch wenn man zwischendurch gelegentlich eine Extrarunde dreht oder eine Pause auf dem Weg einlegt. Alles ist erlaubt, solange es sich für dich gut und richtig anfühlt.

Deine Ziele -> Deine Regeln = Dein Weg

42

Reminder: Sätze, die uns an schlechten Tagen guttun

Es geht vorbei.

Gefühle kommen und gehen.

Lass alle deine Gefühle zu.

Gönn dir ein wenig Ruhe und spür dich.

Es kommen auch wieder gute Tage.

Das Leben wird auch wieder leichter.

Du bist bis an diesen Punkt gekommen, geh immer weiter.

Du bist stärker, als du glaubst.

Erlaube es dir auch, traurig zu sein.

Alle Gefühle gehören zu dir und haben ihre Berechtigung.

Du bist gut, wie du bist.

Du wirst deinen Weg finden.

Du gibst täglich dein Bestes.

Du darfst auf jeden Erfolg, egal wie groß oder klein, stolz sein.

WIE GEHT ES WEITER? DEIN LEBEN »DANACH«

43

Feiere dich für jeden Erfolg

Weißt du, was wir auf dem Weg unserer Genesung viel zu wenig tun?

Wir sind viel zu wenig stolz auf uns selbst, und wir feiern uns nicht für Dinge, die wir bereits erreicht haben. Dabei ist es so wichtig, sich selbst zu feiern und auch stolz auf sich und seine Leistungen zu sein.

Ich kann mich an eine Therapiestunde erinnern, in der meine Therapeutin mich fragte, ob sich etwas im Vergleich zur letzten Sitzung verändert hatte. Ich antwortete, dass ich es geschafft hatte, wieder alleine zu bleiben, ohne dass mein Partner bei mir bleiben oder ich zu anderen Familienmitgliedern gehen musste, um nicht alleine zu sein. Meine Therapeutin fragte mich damals, ob ich stolz auf mich bin, so einen Fortschritt gemacht zu haben, aber ich sagte nur: »Das ist ja eigentlich etwas ganz Normales, wieso sollte ich stolz auf etwas sein, das jeder andere Mensch tun kann? Eher ist es mir peinlich, dass ich es eine Zeitlang nicht konnte.«

Meine Therapeutin schaute mich damals an und sagte: »Feiern Sie sich. Das ist ein großer Erfolg für Sie, und Sie dürfen und sollen stolz auf sich sein.«

Mir ist erst viel später klar geworden, wie recht sie hatte. Bis zu diesem Zeitpunkt habe ich selbst immer gedacht, ich darf erst stolz auf mich sein, wenn ich vollkommen frei von Ängsten bin. Wenn ich ein normales Leben führen kann und keiner je sehen würde, dass ich mentale Probleme habe und mehrere psychische Erkrankungen.

Heute weiß ich, das ist totaler Quatsch. Falls du dich gerade fühlst, wie ich mich damals gefühlt habe, dann solltest du die nächsten Aspekte genau lesen. Denn vielleicht ist es an der Zeit, dass auch du verdammt stolz auf dich sein kannst.

Allgemein glauben wir, wir dürfen erst stolz auf uns sein, wenn wir Großes geleistet haben. In unserem Falle also: wenn wir frei von mentalen Problemen sind. Aber ist das wirklich unser Ziel? Ist das erst der Punkt, an dem wir sagen können, wir haben etwas geleistet? Ich denke nicht!

Womöglich findest du das ein wenig übertrieben oder gar abwegig, aber das erste Mal, dass du dich feiern solltest, ist der Moment, in dem du sagst »Ich will etwas ändern« oder »Ich brauche Hilfe« oder auch »Ja, ich habe ein psychisches Problem«.

Denn hier liegt der erste und vielleicht der entscheidendste Schritt hin zur Besserung. Du wirst aktiv und du nimmst es in die Hand. Denk immer dran:

Erfolge in der Genesung sind wichtig und ein Grund zu feiern, ganz egal, wie klein sie zu sein scheinen!

Ich finde es ausnehmend wichtig, sich immer wieder daran zu erinnern, was man bereits alles erreicht hat und wie viel sich schon verändert hat. Dabei spielt es keine Rolle, wie groß oder klein die Erfolge sind, sondern nur, dass du sie als Erfolge wahrnimmst. Was deine Umgebung davon sieht spielt keine Rolle. Denn wenn du dich feierst, dann wirst du feststellen, dass das deinem Selbstwert enorm guttut. Deine Hoffnung wird von Erfolg zu Erfolg wachsen, und auch dein Mut wird mehr und mehr gestärkt. Diese kleinen positiven Erlebnisse werden dir Kraft auch für schwierige Phasen geben und dir zeigen, dass es immer wieder neue Wege und Möglichkeiten in deinem Leben geben wird.

Innerhalb meiner Therapie habe ich gelernt, mich für Erfolge zu belohnen. Das ist wichtig. Sich selbst etwas Gutes zu tun, mit vollem Recht, denn diese Erfolge hat man sich schließlich enorm hart erarbeitet.

Hier sind deiner Fantasie keine Grenzen gesetzt. Ein schickes Essen in einem tollen Restaurant, ein Wellnesstag in einem luxuriösen Spa oder ein wunderschöner Strauß Blumen.

All das kann eine Belohnung für dich sein. Ganz individuell.

Damit du auch nicht vergisst, dass du dich feiern sollst und auf jeden Erfolg und jede Veränderung stolz sein darfst, habe ich hier ein paar meiner Lieblingssätze für dich zusammengefasst. Wenn du magst, schreib sie ab und kleb den Zettel an einen Ort in deiner Wohnung, wo du immer wieder vorbeischaust.

- Sei stolz auf jeden Erfolg, egal, wie groß oder klein er sein mag.
- Feiere dich für jede Veränderung, die dir guttut.
- Jede Veränderung bringt dich näher an dein Ziel.
- Veränderung ist kein Sprint.
- Auch eine ganz kleine Veränderung kann ein Erfolg sein.
- Feiere deine eigene Party, wenn dir danach ist.
- Jeder Erfolg ist individuell.
- Du darfst stolz auf dich sein!

44

Heilung ist kein 100-Meter-Sprint

Endlich, es geht dir besser. Langsam fängst du an, wieder an dich und deine Stärken zu glauben. Dinge gehen dir wieder leichter von der Hand, und in deinem Kopf ist wieder mehr Platz für andere, schönere Gedanken.

Die dunklen Wolken ziehen ab, und die frühlingshaften Sonnenstrahlen spitzen vorsichtig durch.

Du freust dich. Dieses befreiende Gefühl: »Jetzt ist es vorbei!« Ich bin »geheilt«!

Die Tage oder Wochen vergehen. Deine erlernten neuen Routinen, die dir in der schweren Zeit geholfen haben, lässt du ab und zu schleifen, der Alltag kehrt ein, und du spürst, etwas wird wieder anders.

Plötzlich ist es erneut da. Das Gefühl, tief in dir. Die schönen warmen Sonnenstrahlen werden nach und nach erneut von den dunkleren Wolken verdrängt, und langsam fängt es an, auf deinen Kopf zu tröpfeln.

- Was ist das?
- Wieso geht es mir gerade wieder so?
- Fängt jetzt alles wieder von vorne an?

All diese Fragen kann ich dir beantworten ... Das ist dein Heilungsprozess!

Wenn wir eine schwere Krise überwunden haben, dann gehen die meisten davon aus, dass das jetzt so bleibt. Auch ich war vor vielen Jahren dieser Überzeugung und musste am eigenen Leib spüren, dass das schlicht und einfach nicht so ist.

Um dir den Prozess zu veranschaulichen, nutze ich hier zwei Diagramme:

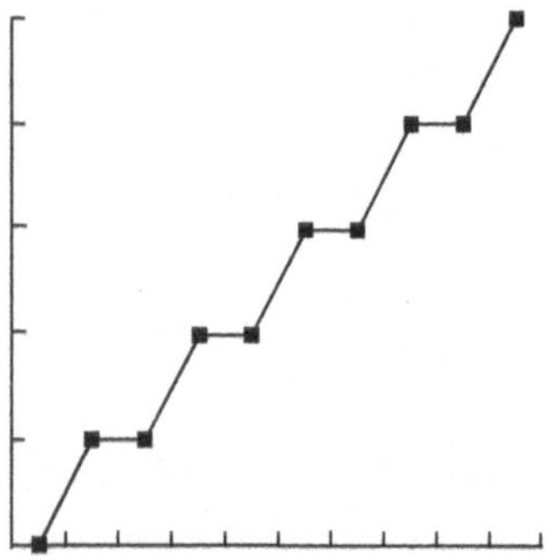

Vorstellung von Genesung

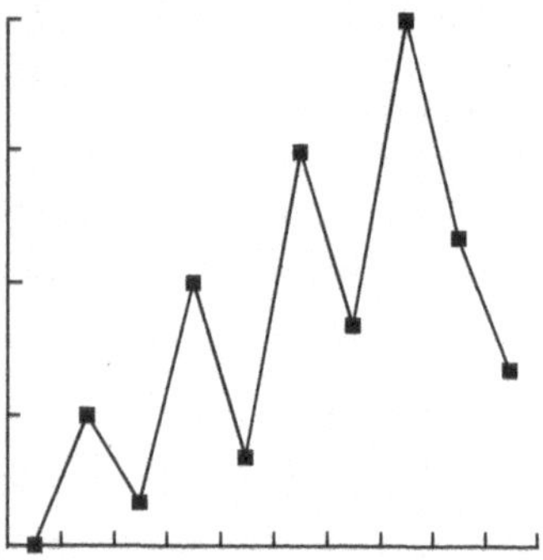

Realität von Genesung

Mit diesen Diagrammen möchte ich dir zeigen: Heilung ist kein geradliniger Sprint. Knicke sind völlig normal.

Gerne nutze ich hier das Beispiel des Marathonläufers. Ein Sportler, der nur Sprints läuft und auf kurze Strecken trainiert ist, wird bei einem Marathon nicht die Ausdauer und Fähigkeiten aufbringen, diesen zu bewältigen. Ein Marathonläufer allerdings, der sich immer weiter pusht, immer weiter seine Ausdauer trainiert, um seinem Ziel Schritt für Schritt näher zu kommen und es schließlich zu erreichen, der hat den langen Atmen, um an sein Ziel zu gelangen.

Auf Heilungsprozesse bezogen bedeutet das also:

- Heilung bedeutet Lernen, Ausdauer, Vorwärtsgehen, Rückwärtsgehen, zwischendurch Abbiegen und vielleicht auch noch eine Kurve drehen.
- Heilung ist ein Prozess, der ein Leben lang andauern kann!
- Heilung ist etwas ganz Intimes und Individuelles. Kein Heilungsweg ist wie der andere.
- Vergleiche bringen dich an dieser Stelle nicht weiter!

Und weil das keineswegs immer einfach ist, möchte ich dir ein paar Tipps, die sich für mich bewährt haben, mit an die Hand geben:

1. Bleib am Ball, auch wenn es dir schwerfällt.
2. Führ auch an guten Tagen weiterhin Routinen und Strukturen aus.
3. Betrachte Heilung als einen Prozess.
4. Akzeptiere, dass es nicht immer nur linear verläuft, sondern auch gelegentlich ruckeln kann.
5. Hab erlernte Tipps und Tricks immer parat, für den Fall, dass du sie mal brauchst.

45

Schlechte Tage sind normal

Wie du bereits in diesem Buch erfahren hast, verläuft eine Genesung nicht immer linear. Rückschritte und Rückfälle gehören genauso dazu wie das Erreichen von Zielen.

Das ist völlig normal, und genauso sieht es auch mit schlechten Tagen aus.

Alle Menschen haben gute und schlechte Tage. Das gehört zum Leben dazu. Nicht jeder Tag kann die pure Freude sein, genauso wenig ist jeder Tag einfach nur schlecht.

Innerhalb einer psychischen Erkrankung oder Krise aber hat es für den Betroffenen den Anschein, als wäre wirklich jeder einzelne Tag schlecht. Schon beim Zubettgehen am Abend fühlt der Betroffene die Gewissheit: Morgen wird genauso schlecht wie heute. Diese Erwartungshaltung ist natürlich nicht sonderlich förderlich für einen gelingenden Tag, daher ist es wichtig, an diesem Punkt anzusetzen und einen Abgleich mit der Realität zu machen. Und man wird in der Regel schnell erkennen, dass es deutliche Unterschiede zwischen den einzelnen Tagen gibt. Mit dieser Erkenntnis kann man arbeiten, und genau das machen wir jetzt!

Fangen wir doch mit der Frage an: Was definiert für dich einen guten oder einen schlechten Tag? Was braucht es für dich, damit ein Tag gut wird? Bzw. gibt es Dinge, die nicht passieren dürfen, damit dein Tag nicht schlecht wird?

Fällt dir eines bei diesen Fragen auf? Wir bewerten! Wir bewerten ständig, wie es sich anzufühlen hat und wie nicht.

Erst die Bewertung macht einen Tag schlecht oder gut, denn die Bewertung ist rein subjektiv.

Ein Beispiel:

Ich sitze morgens in der Küche. Es ist gerade einmal acht Uhr, und ich spüre bereits diese innerliche Anspannung in mir. Sie macht sich in meinem ganzen Körper breit, und ich werde immer nervöser. Der Tag ist gelaufen für mich! Keine Chance ...

Hier ist Folgendes passiert: Ich erlebe ein körperliches Gefühl und gehe direkt davon aus: »Na, wenn dieses Gefühl schon wieder da ist, dann kann der Tag ja nur Mist werden. Ich versuche lieber erst gar nichts, hat alles eh keinen Sinn.«

Wir bewerten dieses Gefühl und machen davon unseren ganzen Tagesverlauf abhängig.

Ich selbst habe es genauso jahrelang selbst erlebt. Ich war sogar irgendwann so weit, dass ich mir sicher war, ich kann überhaupt nur noch Sachen machen, wenn ich keinerlei negativen Symptome an mir spüre. Das führte irgendwann dazu, dass ich wie erstarrt war, unfähig zu handeln und eigentlich jeder Tag nur noch schlecht war.

Meine Erkenntnisse daraus waren:

- Schlechte Tage sind normal.
- Das Leben ist unvorhersehbar und liegt außerhalb meiner Kontrolle.
- Ich kann unangenehme Gefühle mit in den Tag nehmen.
- Ich kann auch schlechte Tage als Chance zur Stärkung sehen.
- An schlechten Tagen kann ich wachsen, indem ich meine erlernten Fähigkeiten nutze, um gut durch diese Tage zukommen.

Ein schlechter Tag bedeutet nicht ein schlechtes Leben.

Und trotzdem können uns schlechte Tage, ganz gleich, ob wir gesunde Menschen oder belastete Menschen sind, manchmal umhauen. Daher möchte ich dir noch fünf Impulse mitgeben, die dir an solchen Tagen helfen können.

Impulse für schwere Tage:

1. Lass es raus → Egal, ob du deine Gedanken aufschreibst oder jemandem davon erzählst, lass sie nicht unausgesprochen.
2. Gesunde Ablenkung → Tu gerade an solchen Tagen etwas, das dir guttut, und wenn es nur 30 Minuten in der Badewanne sind, ganz egal.
3. Eine gute Prise Humor → Ja, auch an schweren Tagen ist Humor eine gute Idee. Vieles ist schwer genug, und einfach mal drauflos zu lachen, kann wahre Wunder bewirken.
4. Selbstliebe → Verurteile dich an diesen Tagen nicht für deine Gedanken und Gefühle. Sei lieb zu dir und sei dir selbst ein/e gute/r Freund/in.
5. Akzeptanz → Lerne zu erlauben, dass diese Tage da sein dürfen und dass es okay ist, solche Tage zu haben.

46

Es ist okay, Fehler zu machen

Fehler sind menschlich. Ein wichtiger, häufig geäußerter Satz – und dennoch übergehen wir ihn gelegentlich. Gibst du Fehler gerne zu? Ich glaube, viele von uns ärgern sich über

Fehler oder versuchen, sie noch irgendwie glattzubügeln, damit sie nicht bemerkt werden. Aber dennoch gilt: Fehler sind normal. Jeder Mensch macht Fehler.

Das ist die simple Wahrheit, und doch gehen wir leider immer wieder zu hart mit uns ins Gericht, wenn sie passieren.

Besonders wenn es um die eigene Psyche oder die Genesung geht, sind wir meist sehr streng mit uns selbst, auch der kleinste Fehler erscheint uns als fatal, und Verzeihen gelingt kaum.

Dabei ist es sehr wichtig, zu erkennen, dass Fehler nicht nur vollkommen normal sind und zum Leben dazugehören, sondern auch entscheidend für die Genesung sind.

Noch so ein alter Spruch lautet: »Aus Fehlern lernt man.« Auch diesen Satz hat bestimmt jeder von uns im Laufe seines Lebens schon des Öfteren gehört, und es ist wirklich etwas Wahres dran. Wir können aus unseren Fehlern lernen und die Erfahrung machen, dass Fehler auch Chancen zur Weiterentwicklung sind.

Für mich gibt es drei Möglichkeiten, wie ich Fehler für mich nutzen kann.

1. Fehler als Wegweiser:
   Fehler können es uns ermöglichen, den Blick in eine andere, eine neue Richtung zu lenken und sogar die Perspektive zu ändern. Begangene Fehler können uns zeigen, dass der eingeschlagene Weg vielleicht doch noch nicht der richtige ist und wir noch mal in uns gehen sollten. Manchmal führen uns Fehler aber auch das Ziel ganz klar vor Augen. Fehler sind also nicht immer nur

Hindernisse auf unserem Weg, sondern manchmal auch wichtige Markierungen.

2. Fehler als Lernmöglichkeit:
   Hier sind wir bei dem bereits genannten Satz: Aus Fehlern lernt man. Und ja, Fehler können uns dabei helfen, an unseren Fähigkeiten zu arbeiten. Sie zeigen uns, wenn etwas noch nicht klappt, und bieten uns so die Möglichkeit zur Weiterentwicklung. Sie helfen uns dabei, Grenzen zu erkennen, aber auch, neue Ansätze auszuprobieren und dabei mutig zu sein. Wir wachsen an ihnen.

3. Fehler als Motivation:
   Fehler können auch ein Motor sein und uns richtig Antrieb geben.

   Dadurch, dass wir einen Fehler erkennen, haben wir auch die Chance, zu wachsen, vielleicht sogar Grenzen zu überwinden. Auch Frust kann hier dienlich sein, denn nicht selten entsteht aus Frust Wut, und Wut ist eine sehr starke und wertvolle Ressource, um Dinge überhaupt erst in Bewegung zu setzen.

Was aber vor allem auch im Umgang mit Fehlern essenziell ist, ist die Akzeptanz.

Zu akzeptieren und anzunehmen, dass man Fehler macht und auch machen darf, und sich dafür nicht zu verurteilen, sondern diese Erfahrung zur Weiterentwicklung zu nutzen, ist ein wichtiger Baustein für die eigene mentale Gesundheit.

Wir sind menschlich, und kein Fehler definiert, wer wir sind. Niemand ist ein schlechter Mensch, weil er sich nicht innerhalb von sechs Monaten von einer Depression erholt oder alte Ängste sie oder ihn noch tagtäglich begleiten.

Wenn wir uns erlauben, Fehler zu machen, und diese nicht als Versagen ansehen, sondern als Chance, dann haben wir ein gutes Grundgerüst für einen liebevollen Umgang mit uns selbst.

An dieser Stelle möchte ich dir ein paar persönliche Worte schreiben. Denn ich kann dir sagen, ich habe lange damit gekämpft, Fehler zu akzeptieren, wenn es um meine psychischen Erkrankungen ging. Ich konnte mir Fehler lange Zeit nicht verzeihen und war mir sicher, dass diese Fehler die absolute Katastrophe bedeuteten.

Mit der Zeit habe ich aber gelernt, dass Fehler dazugehören. Ich habe angefangen, meine Fehler zu nutzen und noch mal nach links und rechts zu schauen. Ich habe gemerkt, dass, je weniger ich mich für meine Fehler verurteilte, der Umgang mit mir selbst viel wohlwollender wurde. Ich war schlicht und einfach netter zu mir selbst. Ich öffnete mich für neue Wege, neue Perspektiven und andere Meinungen und vor allem erlaubte ich mir,

den Mut zu haben, Schwäche zu akzeptieren!

47

Wenn dir alles zu viel wird: Erste Hilfe, wenn nichts mehr geht

Wer kennt es nicht, dieses Gefühl von »Nichts geht mehr«. Diese fast unaushaltbaren Gefühle, die sich unglaublich bedrohlich anfühlen und einen von Kopf bis Fuß einnehmen.

In jeden Moment denkt man, gleich passiert es, gleich kommt der große Knall, und man zerspringt in tausend Teile. Wenn der einzige sichere Platz das Bett zu sein scheint und man die Decke wie einen Schutzmantel komplett über den Körper zieht, dann weiß man: Gerade geht einfach nichts mehr.

Glaub mir, ich kenne dieses Gefühl so gut. Ich hatte es in schlechten Phasen über mehrere Tage durchgängig. Ich war mir sicher, das halte ich nicht aus. Ich habe es kaum geschafft, aus dem Bett zu kommen oder mich für den Tag fertig zu machen.

Jeder Schritt kostete unendlich viel Kraft, jede Aufgabe überforderte mich maßlos.

Da ich weiß, wie es sich anfühlt und wie unendlich belastend es für einen Menschen sein kann, möchte ich dir mit diesem Punkt Mut machen. Denn ich kann dir sagen, es wird wieder besser. Man hält es aus und man wächst erstaunlich stark daran. Aber ja, solange man in dem Zustand ist, glaubt man kaum daran. Es ist nichts als ein unerbittliches, scheinbar kaum zu bewältigendes Aushalten.

Ich habe mir in dieser Zeit eine Liste gemacht mit Dingen, Hilfen und Affirmationen, die mich durch diese schweren

Tage tragen sollten. Ich möchte diese Liste gerne mit dir teilen, weil ich glaube, dass auch du hierdurch getragen werden kannst. Gerne kannst du die Liste mit Dingen vervollständigen, die du für dich passender findest.

Meine Erste-Hilfe-Liste, wenn nichts mehr geht:

Die Basics:

- Unterdrück die aufkommenden Gefühle nicht, auch wenn sie sich nicht gut anfühlen.
- Sei dir bewusst, dieser Zustand bleibt nicht für immer so!
- Schlechte Tage sind okay! Sie bedeuten nicht gleich ein schlechtes Leben!
- Bleib im Hier und Jetzt. Die Vergangenheit ist vergangen und die Zukunft kann warten.
- Akzeptier alles, was gerade da ist!

Tipps zur Aktivierung:

- Nutz deine Skills oder deine bekannten Techniken.
- Komm in einen ruhigen Zustand, tu dir etwas Gutes, ein Bad, ein Hörbuch oder auch eine kleine Meditation.
- Atme ... atme ein und aus. Damit gelingt es dir immer wieder, dein Nervensystem zu beruhigen. Es ist so simpel, und gleichzeitig vergessen wir so oft, tief ein- und auszuatmen.
- Leg Pausen ein, ja, auch wenn du denkst, du hast doch kaum etwas gemacht. Leg bewusst kurze Pausen ein und komm in einen Zustand der Entspannung.
- Setz Prioritäten. Was muss wirklich gemacht werden, und was kann warten?

Meine Affirmationen oder auch Sätze, die mir guttun:

- Du gibst täglich dein Bestes.
- Du wirst deinen Weg finden.
- Sei mutig, liebe und lebe dein Leben.
- Deine Gedanken sagen nichts über dich als Mensch aus.
- Du bist stärker, als du denkst.
- Du bist gut so, wie du bist.
- Du kannst auf jeden Erfolg stolz sein, egal, wie groß oder klein er ist.
- Du verdienst Liebe und Glück.

48

S.O.S: So erkennst du einen Rückfall

Erst einmal vorab, wie schon öfter in diesem Buch erwähnt: Rückfälle sind normal und gehören zu einem Genesungsprozess dazu. Sie sind kein Zeichen von Schwäche oder Versagen.

Das berücksichtigst du bitte immer und immer wieder!

Wieso es zu Rückfällen kommt, ist sehr individuell. Es können verschiedene Faktoren eine Rolle spielen, zum Beispiel eine Veränderung der Lebensumstände, starke emotionale Belastungen, Krankheiten, Umzug, Trennung oder auch einfach ein bestimmter Trigger.

Meist kommen rückwirkend betrachtet Rückfälle nicht aus heiterem Himmel, sondern kündigen sich langsam und leise an.

Hierzu möchte ich dir ein paar Beispiele nennen, an denen du einen eventuellen Rückfall erkennen kannst:.

1. Deine Stimmung schwankt wieder stärker, du bist eventuell schneller gereizt oder sehr emotional.
2. Du ziehst dich wieder mehr zurück und bleibst für dich.
3. Dein Schlaf wird wieder schlechter. Vielleicht wachst du auch öfters in der Nacht auf oder erwachst bereits mit innerer Unruhe.
4. Es fällt dir zunehmend schwerer, deinen Alltag zu bewältigen.
5. Eventuell ändern sich deine Essgewohnheiten, vielleicht verspürst du kaum Appetit, oder du hast mehr Appetit als sonst.
6. Du beschäftigst dich wieder vermehrt mit deinen Ängsten und kannst dich immer schwerer von diesen Gedanken lösen.

Falls es also so weit gekommen ist und du in einem Rückfall steckst, wirst du womöglich feststellen, dass sich das Ganze nicht unbedingt anfühlt wie beim ersten Mal. Ein Rückfall kann oft ganz anders aussehen. Es können neue Themen entstehen, neue Gedanken aufkommen, und auch körperlich können andere Symptome zum Vorschein kommen.

Auch hier möchte ich dir einen kleinen Überblick geben, wie es sein kann, einen Rückfall zu haben:

1. Deine Symptome kehren zurück oder treten in anderer Form neu auf.

2. Du fällst wieder in alte Verhaltensmuster, die deine Erkrankung aufrechterhalten oder sogar verstärken.
3. Hoffnungslosigkeit oder auch Verzweiflung treten erneut auf und nehmen dir einen großen Teil deiner Lebensqualität.
4. Du glaubst, dass es dieses Mal viel schlimmer ist als zuvor, und bist dir sicher, dass es niemals mehr besser wird.

Wie du siehst, ist es möglich, jeden einzelnen Rückfall ganz unterschiedlich zu erleben. Auch die Länge eines Rückfalles ist individuell. Während manche nach ein paar Tagen wieder aus ihrer Krise rauskommen, dauert es bei anderen Wochen oder Monate. Hier gibt es keine Richtwerte oder Voraussagen.

Wie ich bereits erwähnt habe, geschieht ein Rückfall meist nicht ganz zufällig, und rückblickend können wir oft sogar nachvollziehen, warum es dazu gekommen ist.

Ein Rückfall zeigt uns also etwas oder weist uns auf etwas hin.

Kennst du deine Auslöser für Rückfälle? Falls nein, schau dir doch mal die nachfolgenden Punkte an. Ich habe dort aufgeführt, was uns ein Rückfall zeigen könnte. Das heißt nicht, dass es immer so sein muss, aber vielleicht findest du dich in dem ein oder anderen Punkt wieder.

Was möchte uns ein Rückfall zeigen?

- Ich brauche noch mehr Unterstützung, seien es Therapien, andere Hilfsangebote oder anderes. Ich bin noch nicht so weit, alles wieder allein zu schaffen.
- Es gibt immer noch zu viele Stressoren in meinem Le-

ben, die ich noch nicht ausreichend oder angemessen bewältigt habe.

- Ich habe mich wieder zu sehr in alte Muster begeben und habe meine neu erlernten Skills und Verhaltensweisen nicht fortgeführt.
- Ich habe mich selbst wieder zu sehr vernachlässigt. Auf meine Selbstfürsorge habe ich in letzter Zeit kaum noch geachtet.
- Es gibt Themen in mir, die noch meiner weiteren Beachtung bedürfen. Ich bin noch nicht am Ende meiner Genesung.

Was ich dir mit diesem Abschnitt deutlich machen möchte, ist, dass Rückfälle normal sind und immer wieder passieren, einfach weil das Leben stets im Wandel ist. Wichtig dabei ist es, einen Rückfall möglichst frühzeitig zu erkennen und nicht wieder tief in einen persönlichen Strudel aus Angst und Sorgen zu geraten. Wenn uns das gelingt, werden wir merken, dass es immer leichter wird, sich vor Rückfällen zu bewahren und den eigenen Weg weiterzugehen.

49

Bleib dran, auch wenn es dir gut geht!

Wir sind beinahe am Ende des Buches, und ich hoffe sehr, dass dir meine persönlichen Erfahrungen, Tipps und Tools bereits ein wenig helfen konnten.

Der letzte Punkt liegt mir persönlich sehr am Herzen. Es geht um die Zeit nach einer psychischen Erkrankung oder einer akuten Krise.

Wir haben an verschiedenen Stellen bereits über die Zeit danach gesprochen, die Gefühle, die entstehen können, und auch die damit verbundenen Unsicherheiten.

Ich möchte dir einen Satz mit auf den Weg geben, wenn du dich bereits in einer stabilen Phase befindest:

Bleib dran, arbeite weiter an dir, vor allem, wenn es dir gut geht!

Warum ist das so wichtig?

Es ist essenziell, sich auch weiterhin mit den Themen zu beschäftigen, die uns geholfen haben, aus einer psychischen Krise herauszukommen.

So etablieren wir gesunde Routinen in unseren Alltag, fördern weiterhin unsere Stabilität und stärken unsere Resilienz.

Ich möchte dir hierzu eine kleine Geschichte aus meiner Therapiezeit erzählen:

Wir sprachen zu der Zeit über Rückfälle, und ich fragte mich immer wieder, wieso es dazu kam, obwohl ich doch eigentlich alles wusste und vieles gelernt hatte.

Meine Therapeutin fragte mich, ob ich denn meine zuvor etablierten Routinen weiterverfolgen würde, darauf antwortete ich:

»Na ja, mir ging's ja sehr gut, da habe ich das alles nicht mehr so regelmäßig gemacht wie zu Anfang der Therapie.« Ich kann mich noch genau an ihren Blick erinnern. Mit einem leichten Grinsen im Gesicht erzählte sie mir die Geschichte von der Gärtnerin und dem Unkraut.

»Eine Dame hatte einen großen Garten und ärgerte sich jedes Mal aufs Neue über das Unkraut auf dem Plattenweg, der zu ihrem Haus führte. Alle paar Wochen begann sie die mühselige Arbeit von Neuem und zog das Unkraut nach und nach aus den Zwischenräumen, bis der Weg wieder frei war. Aber kaum waren ein paar Wochen vergangen, sah der Weg genauso aus wie zuvor. Das Problem der Gärtnerin war, dass sie zwar das Unkraut aus dem Boden zupfte, aber dabei immer die Wurzeln in der Erde beließ, sodass das Unkraut beständig neu wachsen konnte.

Erst als sie diesen Aspekt verstand und das Problem sozusagen an der Wurzel packte, wuchs das Unkraut auf ihrem Weg nicht mehr im selben Tempo nach, und die Dame hatte Ruhe.«

Diese einfache Geschichte ist so wunderbar adaptierbar für unsere psychische Gesundheit.

Oft lösen wir unsere Probleme nur oberflächlich und vergessen dabei, dass vieles tief verwurzelt ist. Es kann fest im Boden verankert sein und lässt sich nicht so schnell lösen, wie wir es gerne hätten. Und auch wenn es uns bereits besser geht, ist es unglaublich wichtig, dass wir weiterhin an uns arbeiten, damit sich auch die letzten Wurzeln lösen, anstatt erneut kräftiger zu werden, sodass wir schließlich weitgehend frei von Problemen und Konflikten sein können.

Selbst wenn wir bereits Besserung verspüren, sollten wir also gesunde Routinen und Dinge, die uns guttun, beibehalten. Eine Therapie sollte immer bis zum Ende geführt werden, selbst wenn man vielleicht das klare Gefühl hat: »ICH SCHAFFE ES OHNE!« Medikamente sollten so lange genommen werden, bis sie mit Absprache deiner Fachärzte reduziert oder abgesetzt werden können. Strukturen, die deinen Tag einfacher für dich machen, sollten unbedingt weitergeführt werden. All diese Dinge fördern deine psychische Stabilität und sorgen für dein Wohlbefinden.

Ich habe mir dazu eine kleine Erinnerungsliste erstellt, damit ich mir erlernte Dinge in gewissen Abständen ins Gedächtnis rufen kann oder auch um mich selbst daran zu erinnern, dass es mal wieder an der Zeit ist, an mir zu arbeiten.

Meine Empfehlung an dich:
Nimm dir jeden Tag fünf bis zehn Minuten für deine mentale Gesundheit. In dieser Zeit solltest du etwas tun, das dir guttut. Sinnvoll könnte hier etwa eine Achtsamkeitsübung, eine Meditation oder auch Tagebuchschreiben sein. Egal, wofür du dich entscheidest, Hauptsache, du arbeitest weiter an dir. Ruf dir das Erlernte regelmäßig ins Gedächtnis.

So bleibt es abrufbar, und in einer akuten Bedarfssituation wird es dir leichter fallen, das Erlernte abzurufen.

Und selbst wenn es trotz der Vorkehrungen zu einem Rückfall kommen sollte, sei dir sicher, du hast all das Werkzeug bei dir und kannst dich auf deine Erfahrung und dein Wissen verlassen.

50

Reminder: Ich bin stolz auf dich, weil ...

... du immer aufstehst und weitermachst.

... du für deine mentale Gesundheit kämpfst.

... du trotz deines »Extrapakets«, das du mit dir herumträgst, ein normales Leben führen kannst.

... du dir auch schlechte Tage erlaubst und deine Gefühle zeigst.

... du deine Gedanken und Gefühle akzeptierst und einen guten Umgang mit ihnen führst.

... du niemals die Hoffnung aufgibst.

... du gelernt hast, dich selbst zu lieben, so wie du bist.

ZUM SCHLUSS NOCH EIN PAAR WICHTIGE INFOS FÜR DICH

Telefonnummern im Notfall

Telefonseelsorge:
0800/111 0 111
0800/111 0 222
Oder im Internet unter www.telefonseelsorge.de

Kinder- und Jugendtelefon:
0800/111 10 333

In akuten Krisen:
Notruf 112

Info-Telefon Depression:
0800/33 44 533

Internetseiten für erste Infos:
www.nummergegenkummer.de
www.deutsche-depressionshilfe.de
www.depressionsliga.de
www.psychotherapiesuche.de
www.angstselbsthilfe.de
www.zwaenge.de

Wertvolle Instagram-Profile für Angsterkrankte, Zwangserkrankte oder Betroffene einer Depression

Ängste:
Klarahanstein.fuerkopfundherz
Happydings
Kinder.ohne.angst
Let.s.talk.mental

Zwänge:
OCD Land
Freiheitundvertrauen
Gerne.sensibel
Lebennachdemzwang_
Dgz-ev
Mikicirena

Depressionen:
Psych.dok
Seelischegesundheit
Erklärungsnot
_deine_psychotherapeutin
Diepsychotherapeutin

DANKE

Ihr glaubt es vielleicht nicht, aber während ich gerade diese Dankesworte schreibe, kommen mir die Tränen, also machen wir es lieber schnell.

Als Erstes danke ich meinem wunderbaren Mann, meinem besten Freund und Seelenverwandten. Ohne dich wäre ich nicht hier. Ohne dich hätte mein Leben viel weniger Farbe. Du hast mich immer wieder motiviert, nicht aufzugeben, und hast mich so manches Mal gerettet. Für immer wir!

Danke an meine drei Wunder. Ihr seid der Grund, immer wieder aufzustehen und zu kämpfen. Ihr zeigt mir jeden Tag mit euren Augen, wie bunt die Welt sein kann. Ich liebe euch über alles auf der Welt.

Ein weiterer Dank gilt meiner Mama, danke, dass du immer an meiner Seite stehst, egal, wie es mir gerade geht. Danke, dass du mich nimmst, wie ich bin.

Ebenso danke ich Frau F., meiner langjährigen Therapeutin, ich glaube, selten hatte jemand so lange Geduld mit mir. Danke für Ihre Unterstützung.

Ein weiter Dank gilt C.G. für die Chance, Betroffenen eine Stimme zu geben und mentale Gesundheit in die Mitte unserer Gesellschaft zu etablieren.

Danke an Stefanie Gördes. Eine liebevollere und verständnisvollere Lektorin hätte ich mir niemals vorstellen können.

Danke an den Kailash Verlag für das Vertrauen in meine Arbeit.

Zudem möchte ich noch ein paar weiteren wundervollen Frauen danken: Nadine, Frauke, Jana, Linda und Jess. Danke fürs Zuhören, Dasein, Helfen, Unterstützen.

Mein letzter Dank ist der schwerste, er gilt meinem Papa. Mein Papa ist mitten im Schreibprozess 2023 plötzlich gestorben. Lieber Papa, danke für alles, was du mir beigebracht hast, danke, dass du immer zu mir gehalten hast. Ich vermisse dich so schrecklich und hätte dir dieses Buch so gerne gezeigt. Also Papa, das hier ist nur für dich.

QUELLEN

https://viamedici.thieme.de/lernmodul/768393/530111/sympathikus+und+parasympathikus

https://www.telefonseelsorge.de/telefon/

https://www.bdp-verband.de/profession/studium-und-weiterbildung

https://www.aerzteblatt.de/archiv/38759/Berufsbezeichnungen-in-der-Psychotherapie-Zum-Verwechseln-aehnlich

https://www.kvwl.de/arztsuche

https://www.vfp.de/magazine/freie-psychotherapie/alle-ausgaben/heft-02-2022/recht-in-der-praxis-das-zulaessige-betaetigungsfeld-von-beratern-und-coaches

https://www.blaek.de/weiterbildung/qualifikationen-nach-der-weiterbildungsordnung/facharzt-fuer-psychiatrie-und-psychotherapie

https://arztsuche.116117.de

https://www.deine-gesundheitswelt.de/krankheit-behandlung-und-pflege/cyberchondrie

https://www.springermedizin.de/so-kann-chronische-ueberlastung-zu-depressionen-fuehren/18789562

https://www.barmer.de/gesundheit-verstehen/psyche/psychische-gesundheit/richtig-atmen-1055858

https://www.tk.de/techniker/magazin/life-balance/aktiv-entspannen/gedankenreisen-2007080?tkcm=ab

REGISTER

Ablaufplan, kleiner (Hilfe suchen) 21ff.
Achtsamkeit 41, 70, 96, 113, 118, 146
Akzeptanz 99ff., 113, 134, 139
Angehörige 31ff.
- auf folgende Zeichen achten 36
- Leitfaden für A. 33f.
Angst 74ff., 87ff., 102
- Lügen der A. 88
- Schwachpunkte der A. 76
- stärkende Sätze gegen A. 77
- Wie sich A. zeigen kann 75
Atemtechniken
- Atmen nach der 4-7-8-Methode 111f.
- Bauchrippen-Atmung 111
- tiefe Bauchatmung 110f.
Atmung 109ff., 139
- Atemtechniken 69, 110f.
- Atemübungen 96, s.a. Atemtechniken

Beobachterposition 70, 85, 92f.
Bewältigung des Alltags in einer psychischen Krise 107f.
Botschaften, kleine, an mich 16

Coaching/psychologische Beratung 26
Cortisol 82, 98

Erkrankung, psychische 14f., 45, 47, 97f., 107, 132
- Akzeptanz 99ff., 113

Fehler 134ff.
- als Wegweiser/Lernmöglichkeit/Motivation 135f.

Gedanken 92ff., 95
- beobachten 92f.
- Bewertung der G. 92
- kontrollieren 92
- Übung zum Beobachten der G. 93
Genesung siehe Heilung
Grenzen setzen 35, 41, 61ff., 113
Grübeln 83ff.
- Wege aus dem G. 85

Hausarzt 20f.
Heilpraktiker für Psychotherapie 27
Heilung 126f., 129ff.

- Belohnungen 128
- Erfolge feiern 127
- Tipps auf dem Weg 131

Hier und Jetzt 95ff., 113, 139
- Übungen 96

Hilfe, Erste, in schweren Tagen 138f.
Affirmationen 140
- Erste-Hilfe-Liste 139f.
- Hilfe, um H. fragen und annehmen 32, 108, 113

Humor (Lachen) 97f., 134

Internet 78f.
- Medikamente 28
- Quellen im I. 80f.
- Selbstdiagnosen 78
- Suchmaschinen 78, 80
- Symptome googeln 78f.

Kliniken, psychiatrische 22
- Institutsambulanzen 22

Kommunikation, offene, mit Familie und Freunden 29ff.
Krise, psychische 21, 86f., 106, 112f., 132
- 10 Dinge zur Bewältigung von K. 113

Krisenliste 86f.

Lebensbus 58ff.
Leistungsbild der heutigen Gesellschaft 52
Liste mit im Leben bereits erreichten Dingen 46
Lösungen, langfristige 43

Medikamente 28, 146
Menschen mit denselben Problemen 17f.
Moment/Augenblick, richtiger 54f.
Morgentief 81f.
- Hilfen gegen das M. 82

Nervensystem 68, 109
Notfallkoffer 114ff.
- Inhalt 116f.

Notfallseelsorge, telefonische 21

Parasympathikus 68f.
- Aktivierung des P. 69

Perspektivwechsel 23, 98, 135
Prioritäten setzen 53, 64, 108, 113, 139
Prioritätenliste, persönliche 40
Psyche und Körper 70ff.
- körperliche Symptome 71
- Umgang mit körperlichen Symptomen 72

Psychiater 22, 26
- Notfallsprechstunden 22

Psychoedukation 55f.
- Säulen der P. 56

Psychologe 26
Psychopharmaka 28f., s.a. Medikamente
Nebenwirkungen 29
Psychotherapeut 23f., 26f., 57
psychotherapeutisches Erstgespräch 24
Psychotherapeutensuche 23f.
Psychotherapie 22, 25, 27f., 42

Raus aus der Komfortzone 50
Resilienz 41, 144
Routinen, gesunde, in den Alltag 144, 146
Rückfall/Rückschritt 131, 140ff.
- Auftreten 141f.
- Auslöser 142f.
- erkennen 141

Selbstdiagnosen 78
Selbstfürsorge 36, 41, 64, 113
Selbsthilfe-Einmaleins 104ff.
- Tipps und Tricks 104f.
Selbstreflexion 45, 63, 96, 117f.
- Fragen 119
Selbstvertrauen 40, 102, 113
- stärken 51
Selbstwertgefühl 40
Skills 101ff.
- passende S. finden 103
Soforthilfe siehe Skills
Stress 61f., 69f., 96, 98, 102, 109f.
- -hormone 79, 82, 98
Sympathikus 68f.
Symptome, googeln 78f.
- -, körperliche 71f.

Tage, gute/schlechte 131ff.
- Impulse für schwere Tage 134
Therapie 24, 28, 41ff., 57, 115, 126, 128, 146
- -, medikamentöse 27f.

Umgang mit dem Ungewissen 51

Veränderungen 49ff.
Vergangenheit und Zukunft 95f.
Vergleichen mit anderen psychisch Erkrankten 47f.
Verhalten und Denken, sich selbst abwertendes 45f.
Visionboard 118

Weg zur mentalen Gesundheit aktiv mitgestalten 42f.
Weinen 17ff.

Ziele, realistische, setzen 53, 120ff.
- Regeln 121